Dan Katz

ANGST KOCHT AUCH NUR MIT WASSER

Wie wir durch
Denken in Bildern
negative Verhaltensmuster
durchbrechen können

mvgverlag

Bibliografische Information der Deutschen Nationalbibliothek
Die Deutsche Nationalbibliothek verzeichnet diese Publikation in der Deutschen Nationalbibliografie. Detaillierte bibliografische Daten sind im Internet über http://dnb.de abrufbar.

Für Fragen und Anregungen:
info@m-vg.de

11. Auflage 2025

Türkenstraße 89
80799 München
Tel.: 089 651285-0

Die schwedische Originalausgabe erschien 2017 bei KBT-akademin Sverige AB unter dem Titel *Ödlan I Huvudet Kbt I Bilder*.

Übersetzung: Annett Stütze, Frankfurt am Main
Redaktion: Desirée Šimeg, Stadtbergen
Umschlaggestaltung: Manuela Amode, München
Abbildungen Umschlag und Innenteil: Yvonne Svensson
Satz: Digital Design, Eka Rost
Druck: Florjancic Tisk d.o.o., Slowenien
Printed in the EU

ISBN Print 978-3-86882-946-4
ISBN E-Book (EPUB, Mobi) 978-3-96121-243-9

Wir produzieren nachhaltig
www.m-vg.de

Weitere Informationen zum Verlag finden Sie unter:
www.mvg-verlag.de
Beachten Sie auch unsere weiteren Verlage unter www.m-vg.de.

Dan Katz

ANGST
KOCHT AUCH NUR MIT WASSER

INHALT

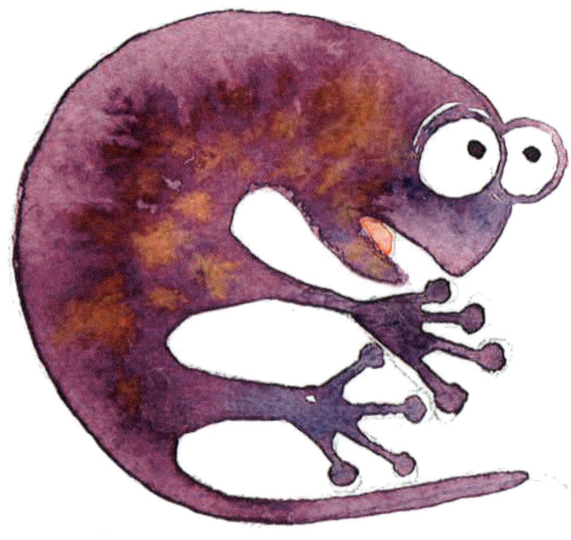

EINLEITUNG

Als ich einem Kollegen auf einer Konferenz für Psychologen erzählte, dass ich an einem Buch über illustrierte Metaphern arbeitete, erwiderte er: »Metaphern? Dafür bin ich zu bodenständig!«

Metaphern sind ein so selbstverständlicher Teil unserer Sprache, dass mein Kollege noch nicht einmal bemerkte, dass er gerade eine verwendet hatte – »bodenständig« –, um zu erklären, dass er sie nicht nutze! Und um noch eine weitere Metapher zu bemühen: Fische wissen nicht, dass sie im Wasser schwimmen.

Metaphern umgegeben uns und oftmals sind wir uns ihrer noch nicht einmal bewusst: Ein Tisch hat vier »Beine«, ein Tennisspieler ist auf dem »Gipfel« seiner Karriere, ein Künstler singt wie eine »Nachtigall«. Die meisten Linguisten stimmen darin überein, dass die menschliche Sprache – und damit verbunden das menschliche Denken – zu großen Teilen bildlich ist.

Ich habe über zwanzig Jahre lang mit der kognitiven Verhaltenstherapie als klinischer Psychiater und als Professor an der Universität Stockholm sowie am Karolinska-Institut (Solna, Schweden) gearbeitet und ich bin davon überzeugt, dass ein guter Therapeut auch ein begabter Lehrer sein muss. Jede erfolgreiche psychologische Behandlung enthält didaktische Elemente: Ein Therapeut muss leicht verständlich vermitteln können, was die Forschung herausgefunden hat, warum wir uns auf eine bestimmte Weise verhalten, warum uns Ängste und Depressionen lähmen können und wie wir diese Veränderungen beeinflussen und wie wir uns selbst, die Menschen um uns herum und letztlich unser gesamtes Leben wahrnehmen.

Vermutlich ist das der Grund, warum Psychologen schon immer Metaphern benutzt haben. Es ist ja ziemlich offensichtlich, wie Vergleiche durch die typischen Strömungen der Zeit, in der sie entstanden sind, beeinflusst wurden: Vor mehr als hundert Jahren, als die Menschen anfingen, Elektrizität zu nutzen, beschrieb Freud die menschliche Psyche als »Energie« und »geladen«. Heute sprechen wir davon, dass Gedanken »verarbeitet« und »gespeichert« werden müssen – ein klarer Verweis auf die digitale Revolution. Wir versuchen uns selbst im Licht der Dinge, die wir bereits kennen, zu verstehen.

Vom Gebrauch illustrierter Metaphern

In diesem Buch habe ich den Text um eine Dimension erweitert: Bilder. Es versteht sich wohl von selbst, dass ein richtig platziertes Bild ein machtvolles Werkzeug ist. Illustrationen werden in allen didaktischen Zusammenhängen verwendet und erweisen sich als sehr hilfreich. Warum sie nicht Teil aller Therapien sind, ist mir schleierhaft.

Mein Interesse am Einsatz illustrierter Metaphern erwachte während meines ersten Praktikums, als ich dank einfacher Zeichnungen mehrere Durchbrüche bei der Behandlung erzielte. Ich zeichnete Zebras in der Wüste, die vor Löwen Angst haben, um zu erklären, wie Menschen auf Stress reagieren. Ich fertigte Kopien eines Bildes an, das einen Mann auf einem Sprungbrett zeigte, der darauf wartete, dass es sich »richtig« anfühlte und er springen konnte. (Es wird sich vielleicht nie ganz richtig anfühlen – aber man kann trotzdem springen.) Schon bald hatte ich eine ansehnliche Sammlung an nützlichen Metaphern, die ich zusammen mit meinen ungeschickten Zeichnungen verwendete. Im Jahr 2003 veröffentlichte ich einen Artikel über illustrierte Metaphern im *Beteendeterapeuten,* einem Periodikum für die Mitglieder der größten schwedischen Gesellschaft für kognitive Verhaltenstherapie. Eines der Bilder in dem Artikel war »Der feige Turmspringer«, das unter den Therapeuten für Verhaltenstherapie populär wurde. Einige Jahre später war es schon in größeren Kreisen bekannt geworden, unter anderem bei »Life-Coach« unterschiedlicher Couleur. Dieselbe Metapher verwendete ein weiterer Kollege auch auf dem Cover seines Buchs welches die Angst von Kindern thematisiert.

Metaphern in der Akzeptanz- und Commitment-Therapie

Zur selben Zeit, als mein Interesse am Gebrauch von Zeichnungen in der psychologischen Behandlung erwachte, fand eine neue Form der Verhaltenstherapie ihren Weg nach Schweden. Bei dieser neuen Methode, der Akzeptanz- und Commitment-Therapie (ACT), ist der Gebrauch von bildhaften Vergleichen selbstverständlich. Es gibt eine Reihe von schriftlichen und illustrierten Varianten, die unter den Anwendern kursieren.

Während es Forschungen gibt, die zu erklären versuchen, wie einzelne Menschen Metaphern wahrnehmen und darauf reagieren, suche ich immer noch nach Studien, die sich der Frage widmen, wie bestimmte Metaphern die Therapien verbessen können.

Eine weitere Verbindung zur ACT besteht darin, dass ich davon ausgehe, dass illustrierte Metaphern – also Bilder – besonders effektiv sind, wenn sie im Vergleich zum gesprochenen Wort als Abkürzung genommen werden können. Ein Bild zu sehen scheint näher an einer Erfahrung im echten Leben zu sein. Einer der Eckpfeiler der ACT ist, uns zu ermutigen, Schlussfolgerungen über uns und die uns umgebende Welt aufgrund unserer persönlichen Erfahrungen zu ziehen. Gemäß dem Ansatz der ACT kann ein Großteil des menschlichen Leidens mit dem übermäßigen Gebrauch von verbalem Nachsinnieren erklärt werden. Für all jene, die an Ängsten leiden, scheint übermäßiges Grübeln nahezu Gift zu sein.

Warum ich dieses Buch geschrieben habe

Zunächst einmal wollte ich nützliche Erkenntnisse aus der Psychologie auf eine neue und unterhaltsamere Weise weitergeben. In den Buchhandlungen quellen die Regale mit Büchern zu Psychologie über, die für ein allgemeineres Publikum geschrieben wurden. Diese Bücher kann man im Allgemeinen in zwei Kategorien unterscheiden:

- **ZUR ERSTEN KATEGORIE** gehören all jene vor Begeisterung überbordenden Bücher, die erklären, wie man innerhalb eines Augenblicks sein Leben ändert, einfach durch ein paar mentale Tricks oder indem man irgendeine mystische innere Kraft aktiviert. Die Bücher dieser Kategorie werden fast immer von Autoren geschrieben, die kaum oder gar nicht psychologisch ausgebildet sind und die, nachdem sie ihren persönlichen Weg aus einer Krise geschafft haben, nun mit ihrem eigenen Wundermittel für jedes nur erdenkliche Problem aufwarten. Diese Bücher erwecken oft den Eindruck, dass sie auf wissenschaftlichen Prinzipien basieren, obwohl sie zumeist auf einem falschen Verständnis der populären Psychologie beruhen. Viele der Vorschläge sind ineffektiv und potenziell gefährlich. Sie sind kaum mehr als eine moderne Form der Quacksalberei.

- **DIE ZWEITE KATEGORIE** besteht meist aus trockenen, uninspirierten Büchern, von Psychologen oder anderen Autoren verfasst, die wichtige Forschungen durchgeführt haben, um anderen dabei zu helfen, ihr Leben zu verbessern. Die Informationen darin sind in der Regel richtig, aber selten angenehm zu lesen. Es ist nicht die Art von Literatur, die man zum Spaß oder zur Erhellung schmökert.

Mit anderen Worten: Es gibt für das allgemeine Publikum, das nützliche Informationen zum Thema Psychologie sucht, ein Dilemma. Populärwissenschaftliche Bücher sind oft unzuverlässig und in manchen Fällen möglicherweise sogar gefährlich. Die wissenschaftlichere Literatur ist hingegen oftmals langweilig und lässt die Leser einschlafen. Mein Anspruch ist, dass dieses Buch eine Balance zwischen diesen beiden Extremen erreicht. Ich möchte die Ergebnisse der wissenschaftlichen Forschung über das menschliche Verhalten in einer verständlichen und unterhaltsamen Weise präsentieren. Kurz gesagt: mit einfachen Illustrationen und kurzen Erklärungen.

Dieses Buch enthält 32 Zeichnungen (die meisten davon metaphorisch), die die Herausforderungen illustrieren, denen die meisten Menschen irgendwann in ihrem Leben gegenüberstehen. Viele der Bilder sind im Laufe meiner Arbeit an der Klinik entstanden. Andere sind Zeichnungen, die auf geschriebenen und gesprochenen Metaphern basieren, die unter Psychologen und Therapeuten schon länger kursieren. Und da mein künstlerisches Talent zu wünschen übrig lässt, habe ich mit der Illustratorin Yvonne Svensson zusammengearbeitet, die auf der Grundlage meiner einfachen Skizzen fantastische Arbeit geleistet hat.

Zwei Möglichkeiten, dieses Buch zu lesen

Ich habe versucht, mich so auszudrücken, dass dieses Buch von jedem Menschen leicht gelesen werden kann. Ich stelle mir vor, dass dieses Buch auf dem Kaffeetisch liegt oder beim Friseur, sodass es jeder durchblättern kann. Man kann das Buch einfach irgendwo aufschlagen und in weniger als drei Minuten eine neue Sichtweise auf das Leben gewinnen. Man muss es nicht von vorne bis hinten durchlesen. Ein Bild und der begleitende Text genügen.

Ein weiteres, ebenso wichtiges Ziel ist, niedergelassenen Psychologen ein Werkzeug an die Hand zu geben, das eines der wichtigsten der modernen Therapie ist: die bildhafte Metapher.

Stockholm im Januar 2017,
Dan Katz

Lizenzierter Psychologe,
lizenzierter Psychotherapeut und klinischer
Begleiter in kognitiver Verhaltenstherapie

WIE ALLES BEGANN

»Eine ... Echse!«

Vor mir, in einem auffallend unpersönlichen Warteraum, der Quintessenz des Designs im öffentlichen Gesundheitswesen, saß eine Frau im besten Alter. Sie schaute mich fragend an. Ich begann einen gewissen Stress zu verspüren.

Als frischgebackener Universitätsabsolvent in Psychologie machte ich gerade mein erstes praktisches Jahr in einem ländlichen Gebiet und diese Dame war eine meiner ersten Patientinnen. Nachdem sie über ein Jahr auf der Warteliste für eine psychiatrische Behandlung gestanden hatte, traf sie nun endlich die Person, die ihr helfen sollte, ihr Leben wieder auf die Reihe zu kriegen.

Drei Jahre zuvor hatte sie in einer kleinen Fabrik gearbeitet, die etwa zwanzig Kilometer außerhalb jener kleinen, unscheinbaren schwedischen Stadt lag, in der sie von Geburt an lebte. Ihr Leben war relativ unbeschwert. Ihre Arbeit sicherte ihr ein ordentliches Einkommen, das es ihr erlaubte, ihre erwachsenen Kinder ein paar Mal im Jahr mit kleinen Annehmlichkeiten zu überraschen: ein Wochenendausflug zu einer Aufführung in Stockholm oder ein typisch schwedisches Weihnachtsbuffett in einem lokalen Restaurant.

Es war eine relativ sichere Existenz, die ihre schönen Seiten hatte. Doch dann, eines schönes Wintertages drei Jahre zuvor, änderte sich all dies.*

Geschlossene Türen waren ihr schon immer unheimlich gewesen und auf der zwanzig Kilometer langen Busfahrt zur Arbeit fühlte sie sich oft unwohl. Durch die stickige Luft im Bus, besonders im Winter, wenn es nach feuchter Wolle roch, fühlte sie sich eingesperrt und matt. Eines Morgens, nachdem sie in der Nacht zuvor schlecht geschlafen hatte, ging das Gefühl über ein leichtes Unbehagen weit hinaus. Es begann damit, dass sie das Gefühl hatte, nicht genug Luft zu bekommen, ganz gleich, wie sehr sie sich anstrengte. Ihr wurde auch immer schwindeliger. Sie wusste nicht, was erschreckender war: War sie dabei, ohnmächtig zu werden, oder, viel schlimmer, wurde sie gerade verrückt? Als der Bus irgendwo im Nirgendwo anhielt und weitere Fahrgäste zustiegen, sprang sie voller Panik heraus und rief einen Freund an, der sie abholte und ins Gesundheitszentrum ihrer Heimatstadt brachte. Als sie dort ankamen, hatte sich das Unwohlsein gelegt und sie wurde mit dem Ratschlag, sich nicht zu sehr zu stressen, wieder nach Hause geschickt.

Nach diesem Vorfall wurden ihre Beschwerden jedoch immer schlimmer. Immer wenn sie sich eingeengt oder machtlos fühlte, nahm ihre Angst zu. Wenn sie sich gar eingeschlossen fühlte und die Situation nicht unter Kontrolle hatte, erfüllte sie eine starke Panik. Das schränkte ihr Leben immer weiter ein.

Nach dem unangenehmen Vorfall im Bus begann sie, mit dem Auto zur Arbeit zu fahren. Doch die Autofahrt ängstigte sie nach und nach genauso wie die Busfahrt: Was wäre, wenn sie während der Autofahrt die Kontrolle verlöre? Nach ein paar Monaten ging sie nur noch zu Fuß. Sobald sie in einen Bus stieg oder hinter dem Lenkrad saß, hatte sie das Gefühl, keine Luft mehr zu bekommen, was mit einer verdrehten Wahrnehmung der Realität einherging.

Sie war nicht mehr in der Lage, zur Arbeit zu gehen oder Freunde zu besuchen, die nicht in fußläufiger Entfernung wohnten. Reisen in andere Städte standen nicht mehr zur Debatte. Finanziell war sie am Ende und ihr Privatleben lag in Scherben. Ihr Arzt im Gesundheitszentrum konnte keine körperlichen Ursachen finden, also wurde sie zur therapeutischen Unterstützung überwiesen.

Meine Patientin war von einer der häufigsten angstbezogenen Diagnosen betroffen: dem Paniksyndrom.

Hätte sie zwanzig Jahre früher Hilfe gesucht, wären ihre Probleme als mehr oder weniger unbehandelbar angesehen worden und die einzige Hilfe, die es gegeben hätte, wären süchtig machende und emotional abstumpfende Medikamente gewesen.

Doch nun, Anfang des 21. Jahrhunderts, gab es wissenschaftlich erprobte Methoden in den psychiatrischen Behandlungen, die Teil des Gesundheitssystems sind. Die kognitive Verhaltenstherapie – die Methode, in der ich ausgebildet wurde – erzielt gute Erfolge bei der Behandlung von Panikattacken. Unglücklicherweise wurden zu jener Zeit nur wenige Psychologen in dieser Therapieform ausgebildet. Meine Patientin hatte viel zu lange auf eine Behandlung warten müssen. Doch sie hatte von dieser neuen und vielversprechenden Behandlungsmethode gehört.** Und nun klammerte sie sich an diesen Strohhalm.

Das Paniksyndrom ist eine heftige Angstreaktion – eine Panikattacke. Die häufigste Angst bei solchen Anfällen ist die Sorge, ohnmächtig zu werden, keine Luft zu bekommen oder komplett die Kontrolle zu verlieren. Oftmals denken Menschen, die eine Panikattacke haben, dass sie einen Herzanfall, einen Schlaganfall oder einen akuten Wahnanfall hätten. Doch im Grunde sind Panikattacken total harmlos. Tatsächlich werden dabei körperliche, oftmals stressbezogene Wahrnehmungen als gefährlich fehlinterpretiert – zum Beispiel Atemnot, Schmerzen in der Brust oder ein leichtes Schwindelgefühl. Weil diese Wahrnehmungen besorgniserregend sind, verstärkt sich die Stressreaktion noch weiter, was wiederum die Symptome verstärkt. Wiederholt sich dies ein paar Mal, wird das Gehirn überaus wachsam gegenüber den ersten Anzeichen eines drohenden Anfalls. Diese Wachsamkeit wird für viele Betroffenen zu einer echten Last, die ihre normalen Aktivitäten einschränkt.

Früher spekulierten Psychotherapeuten, ob Panikattacken von mysteriösen Signalen aus dem Unbewussten ausgelöst werden, zum Beispiel durch ungelöste traumatische Konflikte aus der frühen Kindheit. Manche Patienten versuchten jahrelang, diese Konflikte zu erkunden und zu analysieren. Leider half ihnen das nicht dabei, ihre Panikattacken loszuwerden. Jemand, der offensichtlich von den Therapiemöglichkeiten der damaligen Zeit

nicht sonderlich beeindruckt war, sagte einmal dazu: »Es ist nie zu spät für eine unglückliche Kindheit.«

Als sich die Forschung ernsthaft mit Panikattacken auseinandersetzte, wurden bessere Behandlungsmethoden entwickelt. Man half den Patienten, die Mechanismen der beängstigenden Stresssignale besser zu verstehen und Situationen, die sie bisher aufgrund ihrer Ängste vermieden hatten, zu meistern. Die Behandlung war noch nicht einmal sonderlich kompliziert. Wenn die Patienten bereit waren, sich freiwillig ihren Ängsten auszusetzen, stellten sie rasch fest, dass sie absolut in der Lage waren, mit den Symptomen umzugehen. Schwindelgefühle bedeuteten nicht länger, dass man ohnmächtig oder gar verrückt wurde, Atemlosigkeit bedeutete kein Ersticken. Es gab nur einen Haken: Es war für die Patienten sehr unangenehm, ihre Ängste so sichtbar werden zu lassen. Und allem, was unangenehm ist, stellen wir uns äußerst ungern.

Für die Psychologen bestand die Schwierigkeit also nicht darin, die Prinzipien der Behandlung zu verstehen. Der knifflige Teil war, die Patienten zu motivieren, sich Situationen zu stellen, die sie über Jahre hinweg als fast schon lebensgefährlich wahrgenommen hatten. Um einen Patienten zu motivieren, sich etwas so Unangenehmem zu stellen, musste man ihm die eigentlichen Gründe erklären, und zwar nicht nur mit gewichtigen Versicherungen, sondern auf eine leicht verständliche Art und Weise.

In ihrer Ausbildung zur kognitiven Verhaltenstherapie lernten die Psychologiestudenten die sogenannten »Argumente« für die verschiedenen Behandlungsmethoden. Ein »Argument« war in diesem Fall die Erklärung, die man dem Patienten geben sollte, wie er das Problem betrachten sollte, wie es entstand, wie es sich manifestierte und vor allem warum die Behandlung auf eine bestimmte Art durchgeführt werden sollte. Obwohl diese Erklärungen aus fachlicher Perspektive absolut richtig waren, waren sie leider nicht sonderlich nachvollziehbar. Oftmals waren sie schlecht übersetzt, in anderen Fällen stammten sie von Professoren, die zwar außergewöhnliche Forschungsergebnisse vorweisen konnten, aber wenig Erfahrung im direkten Umgang mit Patienten und deren Behandlung hatten. Um es mal direkt zu sagen: Die Argumente, die ich im Studium gelernt hatte, waren völlig nutzlos.

Hier saß ich nun also mit meiner Patientin. Ich wusste genau, wie wir ihre Panikattacken behandeln mussten. In den nächsten Wochen mussten wir genau jene Dinge tun, die sie vermieden hatte – und zwar aus Angst, damit nicht umgehen zu können. Wir mussten also hyperventilieren, in völlig überfüllte Aufzüge einsteigen und mit dem Bus kreuz und quer durch Schweden gondeln.

Die einzige Hürde war, dass ich ihr auf überzeugende Weise vermitteln musste, warum es so ablaufen musste. Die dicken Wälzer, die ich während meines Studiums durchpflügt hatte, beschrieben, dass sich im tiefsten und ursprünglichsten Teil des Gehirns – dem Reptilienhirn – die Sensoren für Angst befinden (die Amygdala), welche gelernt hatten, ausgeprägt und automatisch auf Phänomene zu reagieren, die üblicherweise eher unbemerkt bleiben: eine leichte Atemlosigkeit, ein voller Bus oder ein überfüllter Fahrstuhl.

So schwurbelte ich mich also durch die Erklärungen der Grundlagen der Lerntheorien und der Funktionsweise des Gehirns. Meine Patientin sah nicht sonderlich beeindruckt aus. Vermutlich hatte sie erwartet, dass ich ihre Angst durch irgendeine Form von Gespräch verschwinden lassen würde. Schon allein gegen die bloße Vorstellung, dass wir stattdessen genau das tun würden, wovor sie die meiste Angst hatte – also absichtlich die Angst auslösen würden –, sträubte sie sich vehement. Vermutlich war es dabei auch nicht sonderlich hilfreich, dass ich komplizierte Beschreibungen des Gehirns inklusive einer Vielzahl von lateinischen und griechischen Begriffen abfeuerte.

Ich weiß nicht, woher ich die plötzliche Inspiration nahm – vielleicht war es endlich doch einmal von Vorteil, dass ich in meiner Kindheit viele Jahre lang mehr Zeit damit verbracht hatte Comics zu lesen, statt Grammatik und Algebra zu pauken. Statt über das Reptilienhirn und die Amygdala zu sprechen, zeichnete ich einen menschlichen Kopf. In diesen Kopf malte ich eine kleine Echse, die dank meiner beschränkten künstlerischen Talente ziemlich bescheuert aussah.

Ich zeigte auf die dumme Echse und sagte: »Unsere Angst wird von einem Teil des Gehirns kontrolliert, den man Reptilienhirn nennt, und dieser Teil ist nicht schlauer als eine Echse. Wenn Sie also Angst haben, ist das, als hätte eine dumme Echse das Kommando übernommen. Sie hat einfach Angst, aber sie weiß es nicht besser. Es ist egal, wie klug Sie sind: Wenn Sie Angst haben, versucht die Echse mit ihrem Mini-IQ die Kontrolle zu übernehmen. Kann man mit einer Echse vernünftig reden?«

Die Patientin schüttelte den Kopf.

»Das stimmt«, fuhr ich fort. »Wir können nicht zu einem einfältigen Tier sprechen. Das Tier muss im echten Leben erfahren, dass es keinen Grund für die Angst gibt. Deshalb müssen wir rausgehen und in den Bus einsteigen oder mit dem Fahrstuhl bis aufs Klinikdach fahren – sodass Ihre Echse die Sachen in ihrem eigenen Kopf wieder zurechtrücken kann.«

Die Patientin schien erfreut. »Also ist mit mir alles in Ordnung, es ist nur meine Echse, die das Kommando übernommen hat? … Und jetzt müssen wir nur die Echse neu trainieren?«

Eine Welle der Erleichterung überkam mich. Volltreffer!

Bis zur darauffolgenden Woche ging die Behandlung zügig voran. Die Patientin stellte sich ihrer Angst vor Fahrstühlen, indem sie den Aufzug der Klinik benutzte, und als sie (oder besser gesagt, ihre idiotische Echse) verstanden hatte, dass sie mit solch einer einfachen Aufgabe gut klarkam, begannen wir mit den Busfahrten in ihrer Heimatstadt. Die Patientin hatte oft große Angst, aber in diesen Momenten sagte sie mit einer sehr sachlichen Stimme, dass die Echse offensichtlich gerade sehr viel Angst habe – und dann machte sie weiter.

Nach zehn Wochen waren wir fertig. Innerhalb dieses Zeitraums hatte meine Patientin alle Ziele erreicht, die wir uns für die Therapie vorgenommen hatten. Bei unserem letzten Treffen schenkte ich ihr eine Gummiechse, die ich in dem bekannten Spielzeugladen *Buttericks* in Stockholm gekauft hatte. Sie streichelte die Echse und sagte mir, wie dankbar sie sei. Doch der glücklichste Mensch im Raum war wahrscheinlich ich. Ich hatte nicht nur meine erste Behandlung erfolgreich abgeschlossen und dabei einem Mitmenschen geholfen, sondern ich hatte auch etwas Neues gelernt: Zeichnungen und Metaphern einzusetzen.

Einige Monate später erhielt ich eine Postkarte von meiner Patientin aus einem Vergnügungspark in Gothenburg, auf der im Hintergrund eine Achterbahn zu sehen war. Auf der Rückseite der Karte stand: »Wir sind jetzt hier, ich, die Echse und die Kinder. Die Echse schreit manchmal. Aber dann lasse ich es dabei bewenden. Alles Gute, X«.

* Die beschriebene Patientin ist keine real existierende Person. Als lizenzierter Psychologe darf ich Patienten nicht ohne deren Erlaubnis beschreiben. Also habe ich stattdessen eine Person auf der Basis der vielen Hundert Patienten, die ich während meiner praktischen Tätigkeit in einer schwedischen Kleinstadt behandelt habe, erschaffen. Doch es gab eine erste Person, die ich stets als den Menschen in Erinnerung behalten werde, für den ich erstmals versuchte, ein Bild zu zeichnen. Und falls diese Person das liest: Vielen Dank!

** Kognitive Verhaltenstherapie ist im Grunde keine neue Therapieform. Die Behandlung, die ich meinen Patienten anbot, gab es damals schon seit etwa fünfzehn Jahren und ähnliche Methoden waren bereits in den frühen 1960ern angewandt worden. Doch erst seit Ende der 1990er Jahre wurden psychiatrische Behandlungen nach denselben wissenschaftlichen Kriterien bewertet wie andere medizinische Disziplinen. Bis dahin gaben Psychologen ihr Bestes, doch die Ergebnisse waren leider ziemlich unberechenbar.

ÜBER METAPHERN, BILDER UND DIE THEORIE DER BEZUGSRAHMEN

Metaphern gibt es überall

Metaphern oder Vergleiche – wenn man also etwas beschreibt, indem man auf etwas anderes Bezug nimmt – sind ein elementarer Bestandteil unserer Ausdrucksweise und unseres Verständnisses von der Welt. Viele Metaphern sind so offensichtlich, dass wir gar nicht weiter über sie nachdenken. Wenn wir zum Beispiel sagen, dass der Tisch auf seinen »vier Beinen steht«, dann ist uns wahrscheinlich gar nicht bewusst, dass wir den Tisch wie ein lebendiges Wesen mit Gliedmaßen beschreiben. Wenn wir eine Person, die sich im sozialen Umgang etwas ungeschickt benimmt, als »steif« oder »eckig« bezeichnen, bemerken wir kaum, dass wir einen Menschen aus Fleisch und Blut mit einem unveränderlichen, überaus harten Objekt vergleichen.

Wie wurden Farben zunächst benannt? Wahrscheinlich lag der Ursprung des Wortes »rot« in der Bezeichnung von etwas aus der Umgebung, das diese Farbe hatte. Was zuerst kam – das französische »rouge« (rot) oder »rosé« (rosa) –, lasse ich jetzt mal offen. Aber unabhängig vom Zustandekommen basiert das Prinzip auf einer Metapher.

Tritt in unserem Alltag ein neues Phänomen auf, wird es zumeist nach Dingen benannt, die ihm ähneln, etwa dem Aussehen oder der Funktion. Das Internet wird mit einem Netz verglichen. Schicken wir eine Nachricht durch das Netz, nennen wir es elektronische Post (E-Mail). Funktioniert unser Computer nicht mehr, sprechen wir von einem Absturz.

Wissenschaftliche Theorien strotzen ebenfalls nur so von Metaphern. Als zu Beginn des letzten Jahrhunderts Ernest Rutherford die Struktur eines Atoms beschrieb, verglich er es mit einem Mini-Sonnensystem, in dem der Kern die Sonne sei und die Elektronen ihn umkreisende kleine Planeten. Die moderne Quantenphysik hält dieses Modell für äußerst mangelhaft – und doch hilft es uns, die grundlegenden Prinzipien eines Atoms zu verstehen. Wie schon erwähnt, sind Metaphern von der Zeit, in der sie entstehen, geprägt. Freud wuchs im 19. Jahrhundert auf, als Strom gerade Einzug in die Haushalte hielt. Als er die menschliche Psyche beschreiben wollte, wählte er daher das Bild vom elektrischen Strom, der zwischen verschiedenen inneren Strukturen hin und her fließt. In den 1960er Jahren, als Computer zum festen Bestandteil der Gesellschaft wurden, wurde es zunehmend beliebter, über das Gehirn als einen Computer zu sprechen, der Informationen erhält und verarbeitet.

Indem wir Parallelen zu den Dingen ziehen, die uns bereits vertraut sind, versuchen wir unsere komplexe Welt zu verstehen.

Metapher, Analogie, direkter Vergleich und Modell

Genau genommen sollte man Metaphern nicht mit anderen Vergleichen in einen Topf werfen. Es gibt sehr präzise Begriffe für die unterschiedlichen Arten von Vergleichen. Man kann Vergleiche in vier Klassen unterteilen: *Metapher, Analogie, direkter Vergleich und Modell*. Der gemeinsame Nenner ist, dass sie alle die Aufmerksamkeit auf die Gemeinsamkeiten zwischen zwei Erscheinungen richten.

Es handelt sich um eine *Metapher*, wenn zwei Phänomene als gleichwertig gesetzt werden: »Das Gehirn ist ein Computer.«

Eine *Analogie* kann als Versuch definiert werden, die Gemeinsamkeiten zwischen zwei unterschiedlichen Dingen aufzuzeigen, während gleichzeitig ihre Unterschiede noch klar zum Ausdruck kommen: »Das Gehirn funktioniert wie ein Computer.«

Direkte Vergleiche können als die Betonung einer bestimmten Übereinstimmung beschrieben werden. Wenn ich behaupte, dass »ein Gehirn genau wie ein Computer überlastet sein kann«, schaffe ich einen direkten Vergleich.

Der Gebrauch eines *Modells* bedeutet, dass wir der Ansicht sind, ein Computer repräsentiere recht gut, wie das Gehirn funktioniert. »Es ist hilfreich für unser Verständnis vom Gehirn, es als eine Art Computer zu betrachten.«

Doch in der Alltagssprache hat sich der Begriff »Metapher« als Synonym für all diese Vergleichskategorien eingebürgert. So wird der Begriff deshalb auch hier im Buch verwendet.

Metaphern sind die Grundlage unserer Leistungsfähigkeit

Metaphern sind nicht für jeden Menschen leicht zu verstehen. Ein klassisches Beispiel ist die Formulierung »ein Auge auf jemanden werfen«. Den meisten von uns ist wohl sofort klar, dass dies nicht wörtlich gemeint ist. Stattdessen bedeutet es, jemand anderen attraktiv zu finden. Doch ein Mensch mit einer Autismus-Spektrum-Störung mag von der Formulierung verwirrt werden oder gar bestürzt sein: »Du hast dein Auge auf sie geworfen?« Er stellt sich eben genau das vor: ein durch die Luft fliegendes Auge. Kleine Kinder haben ähnliche Schwierigkeiten und oftmals verstehen sie alltägliche Ausdrücke und Vergleiche nicht.

Interessanterweise haben Menschen, denen assoziative Fähigkeiten fehlen, auch Schwierigkeiten, sich auf neue Situationen einzustellen oder Zusammenhänge in einer umfangreicheren Perspektive zu sehen. Neue Umgebungen und unerwartete Ereignisse können dann zu großen Stress führen. Es ist ebenso bekannt, dass auch kleine Kinder oft nicht gern zu viele neue Eindrücke aufnehmen. Bei Menschen mit autistischen Schwierigkeiten liegt die Erklärung wahrscheinlich darin, dass ihre Gehirne anders funktionieren. Bei kleinen Kindern mag die Erklärung darin liegen, dass sie noch nicht die Zeit hatten, genug zu erleben, um Verbindungen zwischen zwei verschiedenen Phänomenen herstellen zu können.

Unsere Fähigkeit, etwas Neues zu verstehen, indem wir es mit etwas bereits Bekanntem vergleichen, ist die Grundlage für unsere Leistungsfähigkeit. Selbst kleinste Defizite können uns das Leben schwer machen.

Die Bezugsrahmentheorie

Eine spannende Theorie, von Linguisten zusammen mit Psychologen am Ende des letzten Jahrhunderts entwickelt, hat ein neues Licht auf das Verständnis von Metaphern geworfen: Die sogenannte Bezugsrahmentheorie beschreibt, wie Menschen verschiedene Phänomene mithilfe der Sprache zueinander in Beziehung setzen. Diese Fähigkeit scheint für uns Menschen einmalig zu sein, da nur wir eine ausgeprägte Sprache entwickelt haben. Während Tiere nur einen Zusammenhang zwischen Dingen, die sie im echten Leben erfahren, wahrnehmen können – ein Hund versteht etwa, dass ein großes Steak mehr ist als ein kleines Steak –, können Menschen freiere Konzepte verstehen, zum Beispiel dass ein großes Steak ungesünder als ein kleines ist. Sprache hat es uns ermöglicht, davon zu hören oder zu lesen, dass ein großes Steak ungesund ist, und dies kann uns davon abhalten, es zu verdrücken. Aus diesem Grund haben wir womöglich eine andere Einstellung gegenüber einem großen Stück Fleisch als ein Hund: Er würde einfach so viel Fleisch wie möglich verschlingen. Wir hingegen könnten uns fast so verhalten, als sei das Fleisch gefährlich.

Die Fähigkeit, Bezugsrahmen zu bilden, entwickelt sich erst im Grundschulalter. Sie wird als die entscheidende Erklärung dafür angesehen, dass es uns gelungen ist, komplexe Zivilisationen zu entwickeln. Dank der Bezugsrahmen können wir sowohl eine Haltung zu Dingen einnehmen, die wir noch nicht erlebt haben, als auch neue Schlussfolgerungen ziehen: Weiß man, dass Bob größer als Jane ist und Jane größer als George, dann weiß man ohne großes Nachdenken ebenfalls, dass Bob größer als George sein muss. Forscher konnten nachweisen, dass Menschen in der Kunst des Schlussfolgerns ziemlich einmalig sind. Tiere können mit derlei Argumentationen nichts anfangen. Die Erklärung: Sie haben keine hochentwickelte Sprache.

Eine hervorragende Demonstration dieser anspruchsvollen Fähigkeit, verschiedene Phänomene miteinander in Beziehung zu setzen, zeigt die folgende Tabelle. Nach kurzem Überlegen finden die meisten Menschen logische Verbindungen zwischen den Wörtern in jeder Spalte. Und ich wette, ein Hund könnte diese Aufgabe nicht erfüllen! Dank der Sprache haben wir Menschen die unglaubliche Fähigkeit, uns Dinge vorzustellen, die wir niemals erlebt haben, und Verbindungen zu entdecken, die Tiere vermutlich nie wahrnehmen würden. Indem wir Sprache nutzen, können wir Bezugsrahmen finden.

Wie kann …

A		B
EINE APFELSINE	SICH UNTERSCHEIDEN VON	FREUNDSCHAFT?
EIN KÄNGURU	BESSER SEIN ALS	EIN/EINEN/EINEM STUHL?
EIN FUSSBALL	DER GRUND SEIN FÜR	EINE/EINER LAMPE?
EIN PSYCHOLOGE	DER ERZEUGER SEIN VON	EINE/EINER BLUME?
EIN COMPUTER	EIN PARTNER SEIN VON	KINDER/KINDERN?

Anleitung: Wählen Sie ein Wort aus Spalte A, bringen Sie es mit einem beliebigen Wort aus Spalte B in Verbindung und nutzen Sie dazu den Verbindungsteil in der Mitte. Zum Beispiel: Wie kann ein Känguru der Grund sein für eine Blume? Eine mögliche Antwort wäre, dass das Känguru auf und ab hüpft, sodass im Boden ein Loch entsteht, in welches ein Samenkorn fällt, aus dem sich dann eine Blume entwickelt. Oder: Wie kann ein Fußball der Erzeuger sein von einer Lampe? Mögliche Antwort: Ein Fußball wird gegen einen Lichtschalter gekickt und so wird die Lampe angeschaltet.

Wenn Bezugsrahmen zu Problemen führen

In manchen Fällen ist der Nutzen, unterschiedliche Dinge miteinander zu vergleichen, jedoch durchaus fragwürdig. In einer Gesellschaft, die vom körperlichen Erscheinungsbild besessen ist, füttern wir einander mit entsprechenden Inhalten, wie etwa: »Dünn sein heißt schön sein.« Indem Untergewicht mit Schönheit gleichgesetzt wird, werden unglaubliche Tragödien ausgelöst, weil sich junge Menschen zu Tode hungern. Dann hat unsere einmalige Fähigkeit, Bezugsrahmen zu bilden, fatale Folgen. Man kann sich nur schwer vorstellen, dass sich ein Hund absichtlich zu Tode hungern würde.

Laut den Forschern zur Bezugsrahmentheorie kann ein erhebliches Maß an menschlichem Leid auf die Bezugsrahmen zurückgeführt werden. Ein Tier ist in der Regel recht gelassen, solange es keine Schmerzen hat, satt und vor Kälte geschützt ist. Menschen hingegen können leiden, selbst wenn ihre Grundbedürfnisse befriedigt sind. Wir leiden allein durch das Nachdenken über Fragen wie:

»Was habe ich in meinem Leben erreicht?«

»Bin ich ein Versager?«

»Warum habe ich vor zwanzig Jahren diesen Blödsinn gemacht?«

»Werde ich in fünf Jahren ernsthaft erkranken?«

»Was ist, wenn meine Frau mich verlässt, weil ich so hässlich bin?«

Während ein Hund gemütlich auf seinem Plätzchen am Ofen schlummert, sitzt sein Besitzer mit einer Tasse Tee im Sessel und quält sich mit der Vorstellung verschiedener Horrorszenarien. Das ist der Preis, den wir für unsere Fähigkeit, Sprache zu verwenden, zahlen. Während es uns Sprache einerseits ermöglicht hat, Flugzeuge und Mobiltelefone zu konstruieren, kann sie andererseits die Quelle unsäglichen Leids sein.

Einige moderne Therapieformen versuchen das Leiden der Patienten zu mindern, indem sie mit ihnen trainieren, sich auf ihre Erlebnisse zu fokussieren, im Hier und Jetzt zu sein. Meditation oder die moderne Praxis der Achtsamkeit ist eine Möglichkeit für Menschen, ihre Grübeleien loszulassen und das aktuelle Geschehen bewusster zu erleben.

In bestimmten Zusammenhängen scheint dieser Ansatz auch zu funktionieren. Doch vielen Menschen fällt es schwer. Grübeln liegt in der menschlichen Natur, weshalb vermutlich alle mehr oder weniger wirksamen Therapien auch den Fokus darauf legen, dass wir das Grübeln sein lassen und stattdessen aktiv werden sollen. Damit wir unsere Einstellung gegenüber etwas grundlegend ändern können, müssen wir es im echten Leben erfahren:

- ➯ Wenn Sie große Angst vor Spinnen haben, suchen Sie welche und schauen Sie, was passiert!

- ➯ Wenn Sie glauben, dass niemand Sie leiden kann, gehen Sie raus und verbringen Sie Zeit mit Menschen, statt sich zu Hause zu verkriechen. Vielleicht zeigt Ihr Ausflug, dass das Gegenteil stimmt?

- ➯ Wenn Sie überhaupt keine Lust haben, irgendetwas zu tun – tun Sie trotzdem etwas und schauen Sie, ob die Lust vielleicht doch noch kommt.

Die Akzeptanz- und Commitment-Therapie (ACT) wurde im Ansatz wohl am meisten von der Bezugsrahmentheorie geprägt. Zu dieser Therapieform gehören verschiedene Übungen, die darauf abzielen, den Patienten ein besseres Gespür für ihre eigenen Worte und damit für ihre Denkprozesse zu geben. Ein Patient, der oft sagt: »Ich bin ein Versager«, kann lernen zu sagen: »Ich habe den Gedanken, dass ich ein Versager bin.« In der ACT wird diese Übung als »kognitive Defusion« bezeichnet. Ziel ist es, dem Patienten zu helfen, den Gedanken als solchen wahrzunehmen, ohne ihn für wahr zu halten. Da unsere Gedanken zum Großteil durch die verwendete Sprache gesteuert werden, kann es im besten Fall unser existenzielles Leiden verringern, wenn wir eine gewisse Distanz zwischen Sprache und Gedanken bringen und Letztere nicht einfach als wahr hinnehmen.

An Bilder erinnern wir uns besser als an Worte

Die meisten von uns wissen, dass Bilder ein wunderbarer Weg sind, um sich an Dinge zu erinnern oder sie zu verstehen, und die Forschung belegt dies auch. In wiederholten Experimenten wurde gezeigt, dass wir uns an visuelles Material besser als an Texte erinnern. Das nennt man den »Bildüberlegenheitseffekt«. Merkwürdigerweise verstärkt sich dieser Effekt mit zunehmendem Alter, was zunächst verblüffend wirkt. Sollten wir mit zunehmender Reife nicht auch geschriebene Informationen besser verarbeiten können? Es gibt Spekulationen darüber, dass mit einer verbesserten Sprachfähigkeit auch die Fähigkeit wächst, Bilder, die wir sehen, in Worte zu fassen, sodass wir uns die Bilder sogar noch besser merken können. Wie auch immer, das Fazit bleibt, dass Bilder effektiver sind und dass sich diese Effektivität noch steigert, je stärker wir uns intellektuell weiterentwickeln.

Eine interessante Konsequenz dieser Erkenntnisse könnte darin liegen, dass Texte für Erwachsene ebenfalls mehr Illustrationen enthalten sollten. Die Vorstellung, Bilderbücher und Comics seien nur etwas für Kinder, ist vollkommen falsch!

Bilder – eine Abkürzung hinter der Sprache?

Einer der Gründe, warum Bilder uns so bewegen, liegt wahrscheinlich darin, dass ihre Wahrnehmung nicht durch die Sprache gefiltert wird. Ein Paradebeispiel dafür ist, wenn eine einzige Fotografie mehr Einfluss auf die Meinung der Weltöffentlichkeit hat als Tausende von Artikeln.

In den 1960er Jahren wurde das Leid der Zivilisten in Vietnam in vielen Kriegsberichten detailliert beschrieben, doch es war eine Fotografie, die die öffentliche Meinung veränderte und zu weitreichenden Diskussionen führte: Das Foto eines Kindes mit schlimmen Verbrennungen, das nackt die Straße herunterrannte, um den Napalmbomben zu entkommen.

Der Horror des Holocaust im Zweiten Weltkrieg mag so lange abstrakt scheinen, bis man die Schwarz-Weiß-Fotografien der Berge von ausgemergelten Körpern in den Konzentrationslagern gesehen hat. Die Nachricht von »Millionen Opfern« ist nur schwer fassbar, doch die Bilder der ermordeten Juden erreichen auch das kälteste Herz.

Bilder haben eine starke Wirkung auf uns und beeinflussen auf eine ganz eigene Art und Weise. Ereignisse sind als Bilder irgendwie realer als in Worte gefasst. Fotografien und Illustrationen bringen uns der Realität näher, als es Worte allein vermögen.

Als die Forschung sich der Frage widmete, wie wir uns verhalten, wenn wir Angst haben, stellte sich heraus, dass Menschen, die ihre Sorgen gut visualisieren können, weniger Probleme im Umgang damit haben als jene, die sich allein mit Worten das Hirn zermartern. Forscher haben nun die Idee vorgestellt, dass jemand, der die bildliche Vorstellung eines angsteinflößenden Szenarios meidet, sich auch nicht daran gewöhnen kann – so wie Menschen, die niemals Spinnen anschauen, ihre Phobie nie überwinden können. Sich etwas bildlich vorzustellen scheint einen viel größeren Effekt auf uns zu haben, als etwas bloß mit Worten auszudrücken.

Illustrierte Metaphern – Die Kombination von zwei wirksamen Methoden, um unser Leben zu beschreiben

Nun wissen wir also, wie Metaphern funktionieren. Unsere Sprache und unsere Gedanken bauen auf ihnen auf. Indem wir Metaphern benutzen, verwenden wir unsere Sprache sowie unsere Fähigkeit, Bezugsrahmen zu finden. Indem wir unsere Aufmerksamkeit auf die Gemeinsamkeiten lenken, kann eine Metapher etwas Unbekanntes leichter verständlich machen. Indem wir zwischen dem Bekannten und dem Unbekannten Parallelen ziehen, können wir unsere Einstellung zum Unbekannten ändern, weil wir es mit etwas Bekanntem in Verbindung bringen. Und wir wissen, dass Bilder ein fantastisches Lernwerkzeug sind. Dank der Metaphern können wir uns besser erinnern, und sie berühren uns vermutlich auf einer tieferen emotionalen Ebene. Indem wir Illustrationen zur Unterstützung von Metaphern nutzen, verwenden wir somit gleich zwei wirksame Lerntechniken auf einmal. Ein kraftvoller Mix!

WIE SOLLEN WIR MIT UNSEREN GEDANKEN UND GEFÜHLEN UMGEHEN?

Angst kocht auch nur mit Wasser

Die Echse in Ihrem Kopf

Lassen Sie das Seil beim Tauziehen einfach los!

Der feige Turmspringer

Denken Sie jetzt nicht an grün gepunktete Frösche!

Einen Horrorfilm schauen – ohne die Augen zu öffnen

Welchen Knopf haben Sie da gerade gedrückt?

Ihr großes und Ihr kleines Ich

ANGST KOCHT AUCH NUR MIT WASSER

Warum Angst ein wichtiger Begleiter in unserem Leben ist

Wie oft hört man den Satz: „Hätte ich nur keine Angst, dann wäre alles viel einfacher!"

In Wahrheit hätte unsere Spezies ohne Angst nicht überlebt. Diese Emotion ist unser uraltes Alarmsystem für Gefahr. Ihre machtvollen Signale – Herzrasen, Atemnot und Schwindel – sind die Zeichen, dass sich unser Körper für „Flucht oder Kampf" bereit macht. In einer Zeit, als die größte Gefahr noch darin bestand, von wilden Tieren gefressen zu werden, waren das angemessene Reaktionen. Wenn in unserer modernen Gesellschaft unsere Angst allerdings durch einen inkompetenten Boss oder eine verpasste Deadline ausgelöst wird, dann brauchen wir solche Reaktionen eher selten. Werden wir jedoch fast von einem Auto erwischt, können sie immer noch unser Leben retten.

Wir sollten dafür dankbar sein, dass Angst so unangenehm ist! Wäre sie angenehm, würden wir uns immer wieder Gefahren aussetzen. Ohne ein gewisses Maß an Angst würden wir auch kaum all die Dinge tun, die getan werden müssen, wie etwa unsere Rechnungen zu bezahlen oder unsere Kinder zu beschützen.

Dummerweise geht unser Alarmsystem ab und zu zum völlig falschen Zeitpunkt los. Für das Überleben des Einzelnen ist es besser, wenn der Alarm einmal zu oft als einmal zu wenig losgeht. Weil wir Menschen ein großes und komplexes Gehirn haben, können wir uns auch allerlei mögliche Gefahren einbilden. Einige dieser Bilder in unserem Gehirn sind tatsächlich gefährlich, während andere maßlos übertrieben oder vollkommen eingebildet sind.

Deshalb ist es wichtig herauszufinden, ob man wirklich einer Gefahr gegenübersteht, der man besser aus dem Weg gehen sollte. Wäre dein Leben besser, wenn du dem Impuls zu fliehen nicht nachgibst? Ist es nur die unangenehme, aber harmlose Angst, der du aus dem Weg zu gehen versuchst?

Es ist nicht die Angst, die unsere Probleme verursacht, sondern unser Umgang mit diesem Gefühl.

Angst ist keine schreckliche Kraft, die wir unbedingt besiegen sollten. Angst an sich ist nicht gefährlich. Sie ist normal und gehört zum Menschen dazu.

Angst kocht auch nur mit Wasser!

DIE ECHSE IN IHREM KOPF

Wenn Sie sich von Ihrer Angst abhalten lassen, das zu tun, was sie gerne tun möchten, haben Sie sich dafür entschieden, dass eine dumme Echse Ihr Leben regiert

Wenn wir vor Angst zittern, kommen die Signale aus den Tiefen des primitivsten Teils unseres Gehirns. Dieser Teil wird oft Reptilienhirn genannt, denn die Struktur ist im Grunde die Gleiche wie bei einfachen Tieren wie Echsen oder anderen Reptilien. Die Hirnareale, die wir für das Denken nutzen, also für höhere kognitive Aufgaben, kamen erst im Laufe der Evolution hinzu. Doch wenn wir Angst spüren, ist meist das alte Reptilienhirn am Ruder, und – Sie ahnen es sicher schon – es ist ziemlich dumm.

Sind wir ängstlich, wird jener Teil des Reptilienhirns aktiviert, den wir Amygdala nennen. Haben wir gar Panik, kann dieser Teil unser Verhalten komplett steuern. Manchmal liegt die Amygdala richtig – etwa wenn die Angst uns antreibt, in Todesgefahr um unser Leben zu rennen. In anderen Momenten löst sie einfach falschen Alarm aus. Für das Überleben unserer Spezies ist es sicherer, lieber einmal zu viel als einmal zu wenig Angst zu haben. Unglücklicherweise kann ein falscher Alarm auch dann ausgelöst werden, wenn die Situation völlig harmlos ist. In diesem Fall verringert sich jedoch unsere Lebensqualität.

Erleben wir Angst in Situationen, von denen wir wissen, dass wir eigentlich mit ihnen umgehen können müssten, versuchen wir zumeist, uns selbst davon zu überzeugen, dass alles okay sei; wir versuchen also der Angst mit Vernunft beizukommen. Das funktioniert allerdings selten, denn diese primitive Hirnregion springt auf Logik nicht an. Die dumme Echse checkt es einfach nicht: Sie hat nach wie vor Angst.

Wie bringt man einer primitiven Kreatur bei, dass etwas nicht gefährlich ist? Mit Sicherheit nicht dadurch, dass man mit ihr diskutiert. Primitive Kreaturen reagieren nicht auf Logik. Das Einzige, was funktioniert, ist, dass die Echse die Situation im wahren Leben erleben kann und so spürt, dass ihr Geschrei völlig unverhältnismäßig ist. Diese Strategie funktioniert auch bei unseren Ängsten. Statt zu versuchen, sie uns auszureden, sollten wir die entsprechenden Situationen durchleben, um uns davon zu überzeugen, dass sie doch nicht so gefährlich waren, wie wir dachten.

Wenn Sie die Angst davon abhält, das zu tun, was sie möchten, dann tun Sie es trotzdem. Selbst wenn Sie Angst haben. Beachten Sie die dumme Echse einfach nicht!

LASSEN SIE DAS SEIL BEIM TAUZIEHEN EINFACH LOS!

Ängste bekämpfen: Nicht die Angst ist das Problem, sondern der Kampf gegen sie!

Einer der häufigsten Gründe, warum Menschen Hilfe suchen, sind Angstzustände. Angst ist ein Signal unseres Gehirns, dass uns etwas bedroht. Wird diese Reaktion intensiver, fühlen wir uns unwohl. In den meisten Fällen erledigt das Gehirn dabei ja ganz prima seine Aufgabe, denn nun versuchen wir, alles, was uns Angst einjagt, zu vermeiden.

Als wir noch einfache Tierchen waren, bedeutete dies, dass wir alle Gefahren vermieden, die unser Leben bedrohen konnten. In einer modernen Gesellschaft werden dagegen recht viele Situationen von Menschen mit einer ausgeprägten Vorstellungskraft als bedrohlich oder gefährlich empfunden. Manchmal ist die Angst gerechtfertigt, denn der Auslöser kann tatsächlich lebensbedrohlich oder tödlich sein. Manchmal gibt es jedoch keine echte Bedrohung die uns im Alltag begegnet. Die übertriebene Reaktion entspringt nur unserer lebhaften Fantasie.

Unabhängig davon, was unsere Reaktion ausgelöst hat, ist sie zumeist nicht sonderlich hilfreich, denn die Reaktion wurde festgelegt, als wir in einer viel primitiveren Welt lebten, in der es viele lebensbedrohliche Situationen gab. In diesem Zusammenhang war die Kampf-oder-Flucht-Reaktion oftmals durchaus angebracht. Doch bei den modernen Schwierigkeiten, wie dem Abbezahlen eines Kredits oder dem Treffen mit dem Chef, sind sie selten hilfreich.

Angst an sich ist nicht gefährlich. Es ist einfach die Art von Mutter Natur, uns darauf vorzubereiten, einer Gefahr ins Auge zu blicken. Und weil sie automatisch abläuft, kann man sie nicht stoppen. Geraten wir in Gefahr, wird sozusagen der »Angst-Schalter« umgelegt. Hat die Angst erst einmal eingesetzt, hat es keinen Sinn, gegen sie anzukämpfen. Akzeptieren Sie ihre Anwesenheit und machen Sie einfach weiter mit dem, was getan werden muss.

Unglücklicherweise konzentrieren wir uns oft darauf, die Angst wieder loszuwerden, und genau das führt dann zu den echten Problemen. Manche Menschen schränken ihr Leben ein, um jeden Anflug von Unwohlsein tunlichst zu vermeiden; andere flüchten sich in Alkohol und Drogen. Beide Bewältigungsmechanismen führen aber nur zu noch mehr Problemen, anstatt sie zu beheben.

Wenn Sie aufhören, gegen Ihre Angst anzukämpfen, wird sie zu einem kleineren Problem. Beenden Sie das unnütze Tauziehen – lassen Sie das Seil einfach los!

Wenn es sich richtig anfühlt, dann springe ich!

DER FEIGE TURMSPRINGER

Vom Nachteil, darauf zu warten, dass sich etwas richtig anfühlt

Im Leben stehen wir oft schwierigen Situationen gegenüber. Das können große Dinge sein wie etwa die Entscheidung, ob wir eine akademische Karriere anstreben oder ob wir den Mut aufbringen, unseren sicheren Job zu kündigen. Oder wir müssen scheinbar unwichtige Sachen entscheiden, wie zum Beispiel den interessanten Kollegen zu einem Date einzuladen oder mal wieder den Dachboden zu entrümpeln.

Wir wissen im Grunde, dass wir ins kalte Wasser springen sollten, aber wir tun es einfach nicht. Wir trauen uns nicht oder wir haben keine Lust dazu. Es fühlt sich unangenehm oder sogar falsch an. Also warten wir untätig auf »den richtigen Moment«; nur dann kann es geschehen.

Das Problem ist nur:
Wenn wir darauf warten, bis sich etwas richtig anfühlt, warten wir möglicherweise bis zum Sankt-Nimmerleins-Tag.

Fast jeder von uns stand schon mal auf dem Sprungbrett und zögerte, bevor er ins Wasser sprang. Man weiß, dass im Grunde nichts Gefährliches passieren kann, und doch steht man einfach nur da und wartet. Es ist unangenehm. Man wartet auf den richtigen Moment. Die meisten von uns springen irgendwann, selbst wenn der richtige Moment noch nicht gekommen scheint. Das Interessante ist, dass man erst später – nachdem man den Schritt gewagt und das Gefühl des Absprungs im echten Leben erfahren hat – spürt, dass es eigentlich gar nicht so schlimm war. Dann lassen die schlimmsten Ängste langsam nach. Wenn man dann das nächste Mal auf dem Sprungbrett steht, ist es schon viel einfacher, die Nerven zu behalten und einfach zu springen.

Dies ist der grundlegende Ansatz der psychologischen Behandlung. Menschen, die Hilfe suchen, wissen oft, was sie tun sollten, aber sie warten auf den richtigen Moment oder darauf, dass es sich richtig anfühlt. Viele warten schon seit Jahren darauf. Ein weitverbreitetes Missverständnis ist, dass die Therapie verändern wird, wie wir uns fühlen. In Wahrheit ist es genau umgekehrt: Erst wenn wir im echten Leben herausfinden, dass etwas prima funktioniert, schwindet unsere Angst davor.

Die meisten Dinge im Leben funktionieren auf die gleiche Art und Weise. Wenn Ihnen etwas wichtig erscheint, dann warten Sie nicht, bis Ihnen danach zumute ist. Tun Sie es einfach! Nur indem Sie es ausprobieren, geben Sie sich selbst eine echte Chance, Ihre Gefühle zu verändern.

DENKEN SIE JETZT NICHT AN GRÜN GEPUNKTETE FRÖSCHE!

Vom Versuch, ungewollte Gedanken abzustellen

Unaufhörlich produziert unser Gehirn Gedanken. Nur selten sind wir uns dieses Prozesses bewusst und im Grunde haben wir auch nur wenig Kontrolle darüber, woran wir denken. Ein weitverbreitetes Missverständnis ist, dass man ungewollte negative Gedanken abstellen sollte. Wenn Sie also zum Beispiel anfangen, über sich selbst zu denken, Sie seien ein Versager, eine hässliche oder dumme Person, sollen Sie diesen Gedankenstrom aktiv abbrechen.

Natürlich ist es nicht ganz abwegig, dass wir das versuchen sollten. Immerhin sind diese Gedanken ziemlich negativ. Aber die Forschung hat gezeigt, dass ein bestimmter Gedanke umso öfter wieder auftaucht, je mehr Energie wir darauf verwenden, ihn zu stoppen. Es ist wie bei der gedanklichen Übung: »Denken Sie jetzt nicht an grün gepunktete Frösche«. Je verbissener Sie versuchen, nicht an diese Frösche zu denken, desto öfter tauchen sie in Ihrem Geist auf. Manche Menschen können sich mit großer Anstrengung in kurzen Intervallen selbst ablenken, indem sie an etwas anderes denken, aber sobald sie ihren Fokus verlieren, hüpfen die Frösche wieder mit aller Macht hervor!

Es ist beinahe unmöglich, ungewollte Gedanken dauerhaft zu unterbinden. Das Geheimnis im Umgang mit ungewollten Gedanken liegt darin, sie zu akzeptieren. Sie sind da, ob wir wollen oder nicht. Aber es liegt in unserer Hand, ob wir davon beunruhigt sind. Wir müssen sie nicht ernst nehmen. Sie jedoch vollständig zu unterbinden ist eine echt schwierige Aufgabe.

BU!

EINEN HORRORFILM SCHAUEN, OHNE DIE AUGEN ZU ÖFFNEN

An etwas, das wir vermeiden, können wir uns nie gewöhnen

Manchmal erleben wir etwas Unangenehmes, woran wir nicht erinnert werden wollen, wie einen Überfall, einen Unfall oder andere schmerzhafte Ereignisse. Manche Menschen können danach einfach weitermachen und mit den Erinnerungen an die durchlebten Ereignisse leben. Die Erinnerungen bleiben, aber nach ein paar Monaten können sie oft gut mit ihnen umgehen.

Andere Menschen, insbesondere wenn sie etwas Schreckliches durchleben mussten, halten es nicht aus, daran erinnert zu werden. Ihre automatische Reaktion ist die Gleiche, die allen Lebewesen innewohnt, denen etwas Unangenehmes widerfahren ist: das konsequente Vermeiden aller Dinge, die die in der Erinnerung verankerten Gefühle wiedererwecken könnten. Wir wollen uns nicht erinnern!

Es gibt viele Strategien, um schmerzhafte Erinnerungen zu vermeiden: Manche Menschen vergraben sich in der Arbeit, andere greifen zu Alkohol, wieder andere versuchen, alle Sinneseindrücke zu umgehen, die die Erinnerung an das Geschehnis wachrufen könnten. Am Ende haben sie alle nicht viel vom Leben, denn alles dreht sich nur darum, sich nicht zu erinnern. Das Tragische daran ist, dass die Erinnerungen immer da sein werden – ganz gleich wie viel Mühe man sich gibt. Wer Schlimmes erlebt hat, wird es nie vergessen. Das Gehirn hat keine »Löschtaste«.

Paradoxerweise hat sich beim Umgang mit schmerzhaften Erinnerungen die Bereitschaft, sich ihnen zu stellen, als am effektivsten erwiesen. Schritt für Schritt, vielleicht auch mithilfe eines Psychologen, ist es möglich, sich der Angst zu nähern und sie einzukesseln.* Der Effekt lässt sich mit dem Schauen eines Horrorfilms vergleichen. Beim ersten Mal fürchtet man sich zu Tode, aber wenn man ihn sich zum fünften Mal anschaut, ist es fast unmöglich, noch genauso viel Angst zu haben wie zu Beginn. Damit dieser Ansatz funktioniert, ist es natürlich nötig, genau hinzugucken. Wenn man sich jedes Mal die Augen und Ohren zuhält, nimmt man nicht alles auf. Dann wird man jedes Mal aufs Neue erschrecken.

Die beste Art, mit unangenehmen Erinnerungen umzugehen, ist zu akzeptieren, dass sie immer wieder auftreten werden. Natürlich ist es nicht sonderlich angenehm, etwas wieder und wieder zu durchleben. Aber wenn Sie sich einmal daran gewöhnt haben, werden sie hinnehmbar. Wenn Sie sich hingegen nicht daran gewöhnen, wird sich Ihr ganzes Leben darum drehen, sich nicht zu erinnern.

* Hinweis: Direkt nach einer schmerzhaften Erfahrung ist es das Wichtigste, dass man in ein sicheres Umfeld gelangt und seine Lieben um sich hat. Die Arbeit an den Erinnerungen sollte erst nach einigen Monaten in Angriff genommen werden, wenn sich herausstellt, dass man nicht mit ihnen umgehen kann. Falls Sie sich unsicher sind, beraten Sie sich mit einem Psychologen.

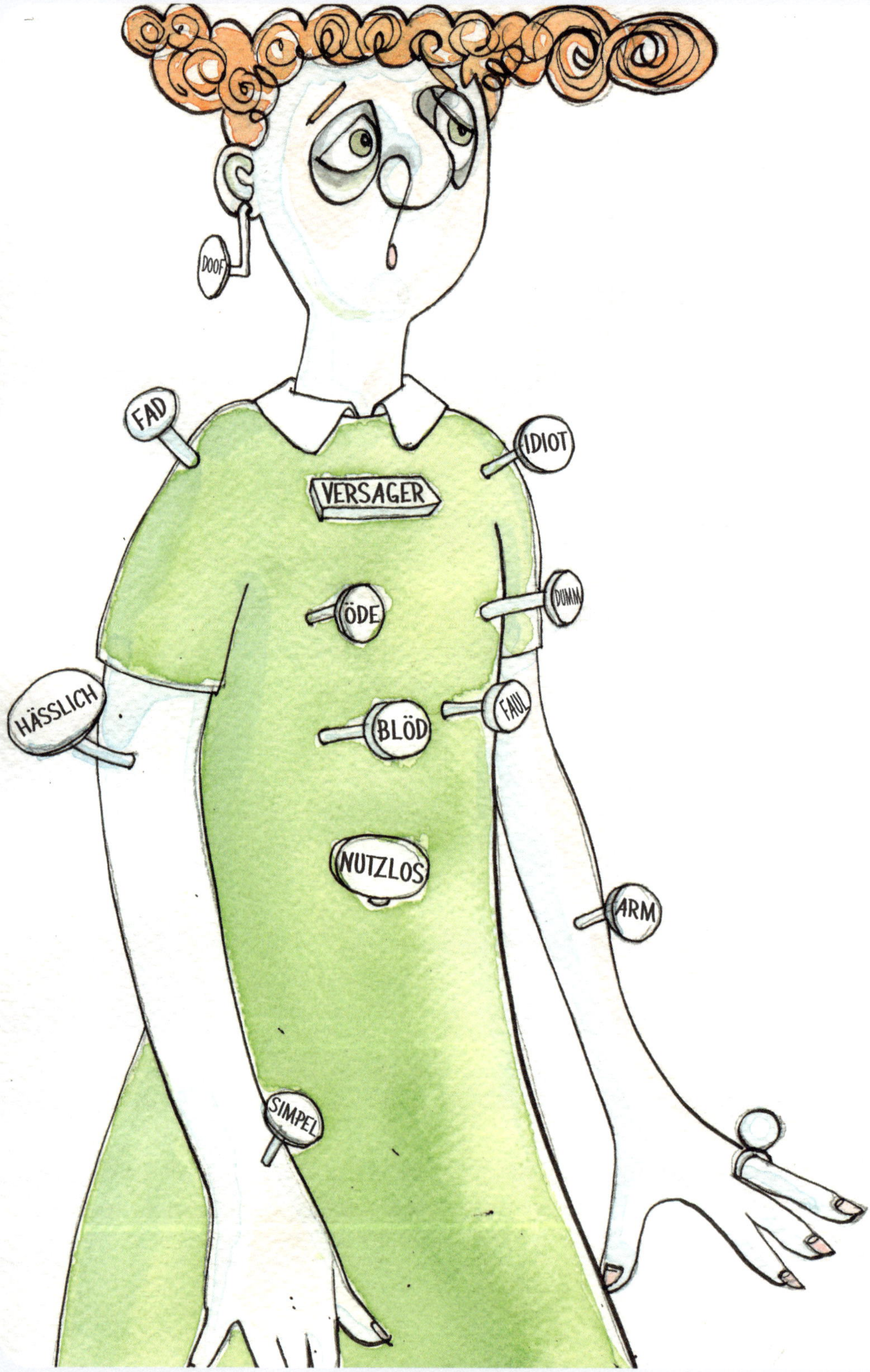
DOOF
FAD
IDIOT
VERSAGER
ÖDE
DUMM
HÄSSLICH
BLÖD
FAUL
NUTZLOS
ARM
SIMPEL

WELCHEN KNOPF HABEN SIE DA GERADE GEDRÜCKT?

Über unsere Gedanken und Gefühle haben wir nur beschränkte Kontrolle

Im Laufe unseres Lebens speichert unser Gehirn unzählige Erinnerungen ab. Manche dieser Erinnerungen kommen als konkrete Geschichten wieder nach oben, meist tauchen sie jedoch automatisch als Gedanken oder Gefühle in bestimmten Situationen auf. Woher sie kommen, ist uns dabei meist nicht bewusst. Psychologen nennen sie *»automatische Gedanken«*.

Üblicherweise entstehen diese Gedanken und Gefühle in Situationen, die jenen ähneln, in denen sie entstanden sind. Wurde man zum Beispiel als Kind in der Schule ausgeschlossen, mag man sich in der Folge als Erwachsener in neuen sozialen Umgebungen unsicher fühlen, selbst wenn man inzwischen unzählige Freunde gewonnen hat. Wurde einem als Kind ständig von den Eltern vermittelt, dass man nicht gut genug sei, kann es sein, dass man auch als Erwachsener das Gefühl hat, nichts auf die Reihe zu kriegen – selbst wenn man viele schwierige Aufgaben meistert. Im schlimmsten Fall können uns solche Gedanken und Gefühle von einem erfüllten Leben abhalten.

Als Erstes sollten Sie Ihre automatischen Gedanken erkennen. Typischerweise treten sie in besonderen Situationen auf, wenn Sie sich auf eine bestimmte Art und Weise fühlen. Haben Sie einmal damit begonnen, sie zu erkennen, gibt es zwei Arten, mit ihnen umzugehen: Ein Weg ist, solche Gedanken infrage zu stellen. Finden Sie Belege, die dafür und dagegen sprechen, und stellen Sie diese im echten Leben auf den Prüfstand. Der zweite und vermutlich wichtigere Ansatz ist zu akzeptieren, dass sie da sind.

In bestimmten Situationen ist es fast so, als würde man auf einen Knopf drücken und – *schwups!* – automatisch sind dieses Gefühl und jener Gedanke eben da. Aber es gibt keinen Grund, dass sie noch länger die Show schmeißen dürfen. Sie sind die Ergebnisse früherer Erfahrungen und Sie können sie genau dort belassen und einfach tun, was Sie gerade tun wollen – trotz allem.

IHR GROẞES UND IHR KLEINES ICH

Gehen Sie mit den Gefühlen, die Sie als Kind prägten, jetzt mit Ihrem Erwachsenen-Ich um

Je mehr Lebenserfahrung wir haben, desto besser können wir mit unseren Gefühlen und schwierigen Gedanken umgehen. Als Kinder verstehen wir nur in einem begrenzten Maß, was wir gerade durchleben. Die Welt ist groß und geheimnisvoll und unsere Gefühle können uns überwältigen und uns Angst machen. Ein verantwortungsbewusster Erwachsener nimmt sich die Zeit, Kindern zuzuhören und ihre Gefühle ernst zu nehmen, damit sie verstehen, was sie gerade spüren und durchleben.

Doch auch als Erwachsene können wir von unserem Gefühlschaos außer Gefecht gesetzt werden. Jeder von uns hat empfindliche Stellen, insbesondere wenn wir in frühen Jahren keine Hilfestellung von Erwachsenen erhalten haben. Durch diese fehlende Unterstützung neigen wir dazu, manchmal so zu reagieren, wie wir es als verletzte Kinder vor langer Zeit schon taten.

Wenn das geschieht, kümmern Sie sich um sich selbst, wie ein Erwachsener sich um ein Kind kümmern sollte: Schelten Sie sich nicht, lassen Sie sich selbst nicht im Stich. Nehmen Sie die Tatsache, dass etwas diese starken Gefühle ausgelöst hat, ernst, aber nehmen Sie sie aus der richtigen Perspektive wahr. Seien Sie freundlich zu sich selbst und Ihrer Verletzbarkeit. Erlauben Sie Ihrem Erwachsenen-Ich, das inzwischen so viel mehr versteht, das Kindheits-Ich zu trösten und zu versorgen.

WENN DAS, WAS WIR TUN, NICHT FUNKTIONIERT

Einfach einen größeren Hammer nehmen,
wenn der kleinere nicht reicht

»Ich zeichne nur Harlekine.«

Auf Grün warten,
auch wenn die Ampel seit zwanzig Jahren außer Betrieb ist

Hunde sind die Besten!

Vergessen Sie das ständige Pingpong-Spiel

Wir nutzen die Werkzeuge, die wir haben

EINFACH EINEN GRÖßEREN HAMMER NEHMEN, WENN DER KLEINERE NICHT REICHT

Wenn unsere Strategie nicht aufgeht, versuchen wir dasselbe immer und immer wieder – nur umso verbissener

Ein allgemeines Lernprinzip ist, dass wir versuchen, funktionierendes Verhalten zu maximieren. Wenn etwas hingegen nicht klappt, tun wir es seltener. Man könnte das als eine Art Verhaltensevolution ansehen. Die Verhaltensweisen, die sich durchsetzen, sind die, die der Aufgabe am angemessensten sind.

Doch wenn etwas, was bisher perfekt funktioniert hat, auf einmal nicht mehr seinen Zweck erfüllt, taucht ein interessantes Phänomen auf, das in der Psychologie als »Extinktionsausbruch« bezeichnet wird: Wir intensivieren das einst perfekt funktionierende Verhalten. Reagiert ein Kind nicht, wenn wir schimpfen, werden wir lauter und schimpfen noch mehr. Lassen sich mit der Fernbedienung die Sender nicht mehr wechseln, drücken wir nur noch heftiger auf die Knöpfe.

Nachdem wir diesen Lösungsansatz mehrere Male ausprobiert haben, resignieren wir. Dann fühlen wir uns ziemlich entmutigt. Immerhin haben wir uns doch lange und intensiv bemüht, damit es klappt! Das Problem dabei ist: Wir haben es zwar immer und immer wieder versucht – aber stets auf die gleiche Art und Weise.

Sollten Sie das Gefühl haben, irgendwo im Leben in einer Sackgasse zu stehen und schon »alles« ausprobiert zu haben, dann fragen Sie sich selbst, ob Sie nicht einfach nur immer wieder den gleichen Ansatz probiert haben. Haben Sie es wirklich auch *auf eine andere Art* versucht? Vielleicht brauchen Sie Ihre Bemühungen gar nicht zu verstärken. Alles, was Sie tun müssen, ist, Ihre Strategie zu ändern.

»ICH ZEICHNE NUR HARLEKINE.«

Am liebsten tun wir, was wir bereits können

Eine der häufigsten Fallen, in die wir tappen, ist, dass wir nie neue Verhaltensweisen ausprobieren. Das liegt daran, dass wir uns oft unwohl fühlen, wenn wir etwas anderes oder Unbekanntes tun. Tun wir es trotz des Unbehagens, gelingt es uns in der Regel nicht sonderlich gut, denn wir haben ja noch nicht gelernt, wie es funktioniert. Und was geschieht? Wir geben auf!

- Ein Tennisspieler spielt nur mit der Vorhand, denn er weiß, dass er so sehr gut trifft. Mit der Rückhand landen die Bälle oft im Netz, also macht ihm das Üben auch keinen Spaß. Unglücklicherweise kann man aber kein guter Spieler sein, wenn man nur eine Schlagart beherrscht.

- Eine Touristin wagt es nicht, ihr Schulfranzösisch anzuwenden, also spricht sie Englisch. Folglich verbessert sich ihr Französisch auch nicht. Die wenigen Male, in denen sie versucht, Französisch zu sprechen, klappt es nicht gut. Also gibt sie auf und lernt außer Englisch keine weitere Fremdsprache.

- Ein aufstrebender Künstler zeichnet nur Harlekine, denn das hat er gelernt und sie gelingen ihm jedes Mal gut. Unglücklicherweise ist dies sein einziges Motiv. Immer wenn er etwas anderes probiert, ist er bestürzt, denn das Ergebnis ist nie so gut wie seine Harlekine.

Mit anderen Worten: Wenn wir neuen Herausforderungen gegenüberstehen, sollten wir uns nicht von dem Gefühl abhalten lassen, dass es nicht ganz richtig oder nicht perfekt ist. Unser Nervensystem ist darauf angelegt, alles, was Unbehagen auslöst, sofort zu vermeiden. Doch diese erste Reaktion kann uns in die falsche Richtung führen.

Ein guter Tipp, um das eigene Repertoire zu erweitern, ist deshalb, ganz bewusst immer mal wieder neue Verhaltensweisen auszuprobieren – auch wenn der erste Impuls ist, sofort wieder damit aufzuhören. Probieren Sie stattdessen etwas, von dem Sie glauben, dass Sie es nicht können.

Vielleicht lernen Sie etwas Neues!

AUF GRÜN WARTEN, AUCH WENN DIE AMPEL SEIT ZWANZIG JAHREN AUßER BETRIEB IST

Regeln machen das Leben leichter, doch wir sollten erkennen, wann wir sie besser ignorieren

Vom Moment unserer Geburt an lernen wir verschiedene Regeln. Einige lernen wir aus Erfahrung, zum Beispiel dass es clever ist, etwas Warmes anzuziehen, wenn es draußen kalt ist. Andere lernen wir, weil uns jemand sagt, was zu tun ist. Diese Regeln lernen wir durch das Lob, das wir erhalten, wenn wir sie befolgen, oder die Kritik, die wir kassieren, wenn wir sie brechen. Denken Sie zum Beispiel nur daran, wie oft unsere Eltern betonten, dass wir uns nach dem Aufsuchen der Toilette die Hände waschen sollten.

Zusätzlich haben wir noch etwas gelernt, das man »Meta-Regel« nennen könnte – eine Regel für alle Regeln. Man könnte sie folgendermaßen formulieren: »Regeln sind dafür gemacht, um befolgt zu werden.« Denn wenn wir Regeln brechen, folgen zumeist unangenehme Konsequenzen.

Regeln sind natürlich nützlich, denn wir müssen unser Gehirn nicht in jeder Situation damit belasten, das Für und Wider einer einzelnen Entscheidung abzuwägen. Dank Regeln können wir schnell entscheiden, wie wir uns verhalten. Ohne Regeln würden wir uns im Leben nicht gut zurechtfinden.

Gleichzeitig können wir uns in einem rigiden Regelsystem aber auch verfangen, insbesondere wenn das Leben chaotisch oder unvorhersehbar scheint. In solchen Momenten ist es verführerisch, blind unseren Regeln zu vertrauen, damit das Leben sich etwas leichter handhaben lässt. Unglücklicherweise gibt es Regeln, bei denen es verheerend sein kann, sie strikt zu befolgen. »Du sollst nie jemanden verlassen, den du liebst« – auch wenn diese Person dich schlägt. »Du sollst nicht stehlen« – auch wenn deine Kinder verhungern werden, wenn sie heute nichts zu essen bekommen.

Überdenken Sie, ob Sie einem übermäßig strengen Regelsystem anhängen. Die Alarmglocken sollten schrillen, wenn Sie Ihr Leben als festgefahren wahrnehmen und Ihnen alle Auswege verstellt erscheinen. Was würde geschehen, wenn Sie Regeln wie »Das tut man nicht!« oder »Das tut jemand wie ich doch nicht!« über Bord werfen würden?

Regeln sollten wir nur dann einhalten, wenn die Wirklichkeit nicht dagegenspricht.

HUNDE SIND DIE BESTEN
Gesellschaft der Katzenliebhaber

HUNDE SIND DIE BESTEN!

Die Gefahr, immer richtig liegen zu wollen

Das Leben vieler Menschen wurde zerstört, weil sie das Opfer von Unrecht wurden. Doch genauso weitverbreitet ist, dass sich Menschen ihr Leben selbst zerstören, weil sie Unrecht und Ungerechtigkeiten, die sie erlebt haben, nicht loslassen können und sich selbst dadurch dauerhaft in der Opferrolle sehen.

Zu wissen, dass man selbst Recht hat und die anderen falsch liegen, ohne Gerechtigkeit oder Anerkennung zu erfahren, ist sehr schwer zu akzeptieren. Die meisten Menschen kennen dieses Gefühl. Und es ist sicher noch schwerer zu ertragen, wenn man das Gefühl hat, von einer Person falsch behandelt zu werden, die einem sehr wichtig ist, oder wenn man die Folgen eines besonders schlimmen Fehlers ertragen muss.

»Im Recht« zu sein kann aber auch viele Alltagssituationen vergiften. Ein Freund oder ein Partner kann nicht immer im Recht sein – und vielleicht können Sie das auch nicht.

Aber werden alle Situationen dadurch gelöst, dass irgendjemand im Recht ist? Unter bestimmten Umständen sollte man auch den Preis dieses Kampfs berücksichtigen. Leider ist das Leben nicht fair und Menschen nicht unfehlbar. Ist es das wert, sich finanziell zu ruinieren, Freunde zu verlieren, Beziehungen und die eigene Gesundheit zu gefährden, nur um Recht zu behalten? Was gewinnen wir dabei und was stellt sogar eher einen Verlust für uns dar? Selbst wenn wir »wissen«, dass Hunde einfach die Besten sind, hätten wir unter Umständen ein angenehmeres Leben, wenn wir uns mit den »Katzenliebhabern« arrangieren könnten, statt allein zu bleiben.

Manchmal müssen wir das Gefühl von Ungerechtigkeit, das uns vermittelt wurde, loslassen und unser Leben zurückerobern.

Was ist, wenn ich im Alter hässlich
Aber Großvater war doch hübsch.
Ja, aber er starb früh.
Aber auf der anderen Seite ...

VERGESSEN SIE DAS STÄNDIGE PINGPONG-SPIEL!

Hören Sie auf, den Ball zurückzuschmettern!

Von den Tieren unterscheiden wir Menschen uns unter anderem, weil wir in der Lage sind, hochkomplexe Dinge gedanklich zu durchdringen. Wir nutzen diese Fähigkeit zum Beispiel, um reale sowie potenzielle Probleme zu lösen. Wir denken darüber nach. Und woher wissen wir, dass wir genug nachgedacht haben? Die Antwort ist: Wenn wir eine klare Lösung gefunden haben. Wenn das geschieht, fühlen wir uns oft erleichtert und befriedigt. Das Nachdenken hat geklappt. Wir fühlen uns besser.

Aber nicht alle Probleme lassen sich so leicht lösen. Auf einige Fragen gibt es einfach keine befriedigende Antwort. »Wird mich mein Partner in zehn Jahren wegen jemand anderem verlassen?« Andere Probleme sind so komplex, dass wir unmöglich eine Prognose treffen können, was wohl geschehen wird: »Werden meine Wertpapiere in der nächsten Krise wertlos?« Das Problem ist, dass wir bereit sind, unentwegt über so etwas nachzudenken. Wir wollen eine Lösung finden, mit der wir uns gut fühlen. Also zermartern wir uns das Hirn.

Einer der Gründe, warum es so schwer sein kann, damit aufzuhören, ist, dass wir immer, wenn wir einen unangenehmen Gedanken haben, instinktiv nach einem beruhigenden Gedanken suchen, der die Stimmung wieder hebt. Die Beruhigung mag nur kurzzeitig wirken, denn schon bald folgen neue Sorgen. Und weil wir uns keine Sorgen machen wollen, denken wir uns neue beruhigende Aspekte aus, die sofort von neuen Ängsten ausgehebelt werden. So kann es endlos weitergehen wie in einem sehr, sehr langen Pingpong-Spiel, bei dem Ängste und beruhigende Gedanken in unserem Kopf hin- und herfliegen.

Um das Pingpong-Spiel zu beenden, müssen Sie erkennen, dass es sinnlos ist. Eine Lösung ist dann, den nächsten Ball einfach nicht abzuspielen: Brechen Sie aus dem Kreislauf des Grübelns aus und verfolgen Sie Ihre qualvollen Fantasien weiter, bis Sie zum katastrophalsten Ergebnis kommen. Wenn Sie den Mut haben, Ihren Gedanken bis zum Ende zu folgen und sich das Ergebnis genau anzuschauen, werden Sie erkennen, dass dieses Ergebnis höchst unwahrscheinlich ist, oder Sie werden verstehen und akzeptieren, dass es keine beruhigende Lösung geben kann.

WIR NUTZEN DIE WERKZEUGE, DIE WIR HABEN

Vom Versuch, sich aus einem Loch zu graben

Stehen Menschen vor einem unlösbaren Problem, sagen sie oft: »Aber ich habe doch schon absolut alles probiert!« Und das stimmt wahrscheinlich sogar. Das Problem ist nur, dass wir uns bei Schwierigkeiten, die uns das Leben vor die Füße wirft, auf bekannte Strategien verlassen, von denen wir wissen, wie sie funktionieren.

- Wenn Sie gelernt haben, hart zu arbeiten, werden Sie bei einem wachsenden Arbeitspensum noch härter schuften.

- Wenn Sie gelernt haben, mit jemandem zu streiten, wenn er nicht tut, was man ihm sagt, werden Sie nur noch lauter schreien, um Ihren Willen durchzusetzen.

Sobald Sie bemerken, dass Ihre üblichen Methoden nicht funktionieren oder zu viel Energie fressen, ist dies meist ein guter Indikator dafür, dass Sie Ihre Strategie ändern sollten. Ansonsten werden Sie nur ein ungemütlicher, resignierter oder ausgebrannter Zeitgenosse und stehen sich selbst und anderen im Weg.

Einen neuen Umgang mit den Schwierigkeiten des Lebens zu lernen ist wie ein neues Werkzeug. Zunächst einmal muss man es finden und dann muss man eine ganze Weile üben, bis man es beherrscht und effizient damit umgehen kann. Fragen Sie sich also: Ist es an der Zeit, die Werkzeuge zu wechseln? Versuchen Sie gerade, sich aus einem Loch zu graben?

VERBREITETE MISSVERSTÄNDNISSE UND DENKFEHLER

Warum hatte ich so schlechte Skilehrer?

Entsteht Regen durch schlechtes Wetter?

Nicht jeder ist ein Nörgler

Auf- und Abspringen hält Löwen fern

Jetzt, wo ich schon eine Kippe geraucht habe,
kann ich auch die ganze Schachtel aufrauchen

Wie lernt man Fahrradfahren?

Mmmh...

WARUM HATTE ICH SO SCHLECHTE SKILEHRER?

Das Geheimnis des Lebens liegt nicht darin zu wissen, warum man etwas getan hat, sondern was zu tun ist

Wenn wir persönliche Schwierigkeiten haben, ist eine der üblichsten Reaktionen, dass wir uns selbst die Frage stellen: »Warum habe ich dieses oder jenes nur getan?«

Früher gehörten zur Psychotherapie zahllose Stunden mit einem Therapeuten, in denen man eine Geschichte erschuf – egal ob wahr oder falsch –, die erklären sollte, warum eine Person diese inneren Probleme hatte. Manchmal mag dieser Prozess durchaus einige Erleichterung gebracht haben, doch in den meisten Fällen führte er nur zu weiterer Grübelei, warum die Dinge so geschehen waren. Im schlimmsten Fall führte es dazu, dass die Eltern oder wichtige andere Bezugspersonen für die betreffenden Probleme verantwortlich gemacht wurden. Ob diese Anschuldigungen nun stimmten oder nicht, sie zerstörten oft ganze Familien oder Beziehungen.

Menschen sind komplizierte Wesen und daher sind solche Erklärungsversuche unklar, zu vereinfachend und schwierig zu belegen.

Außerdem beinhalten die gefundenen Lösungen keine Anleitung, wie man sein Leben im Hier und Jetzt angehen sollte.

Jemand, der wiederholt auf der Skipiste stürzt und sich das Bein bricht, mag in aller Ausführlichkeit darüber diskutieren, ob er auch wirklich die richtigen Anweisungen zum Skifahren bekommen hat. Und er kann sich darüber den Kopf zerbrechen, warum er so furchtbar schlechte Skilehrer hatte. Davon auszugehen, dass der Unfall auf der Skipiste nicht die eigene Schuld ist, mag ein beruhigender Gedanke sein, aber sollte man sich nicht lieber darauf konzentrieren, seine Fertigkeiten beim Skifahren zu verbessern?

Mit anderen Worten: Wenn Sie bei der Frage festhängen, warum Sie Schwierigkeiten haben, sollten Sie sich besser auf die Frage konzentrieren, was Sie an Ihrer Situation ändern können – hier und jetzt. Fragen Sie also nicht: »Warum?« Fragen Sie lieber: »Was kann ich jetzt tun?«

Warum regnet es?
Weil schlechtes Wetter ist.

ENTSTEHT REGEN DURCH SCHLECHTES WETTER?

Fühlt man sich durch ein geringes Selbstbewusstsein unsicher?

Eines der am meisten missverstandenen Konzepte in der populärwissenschaftlichen Psychologie ist das Selbstbewusstsein. Wie oft hört man: »Dein fehlendes Selbstbewusstsein macht dich unsicher.« Oder: »Wenn du nur ein besseres Selbstbewusstsein hättest, wäre alles leichter.«

Das Problem mit dieser Auffassung von Selbstbewusstsein ist, dass viele es als Gebilde oder »Kraft« sehen, die dafür sorgt, dass man sich selbstbewusst verhält – oder eben auch nicht. Es lockt uns aber auf die falsche Fährte zu glauben, dass wir zunächst einmal an unserem Selbstbewusstsein arbeiten sollten und dann schon den Mut haben werden, all die Dinge zu tun, bei denen wir uns unsicher fühlen.

Das ist ein Paradebeispiel für die *Kategorienverwechslung* und einer der am weitesten verbreiteten Denkfehler.

Der Gebrauch von Kategorien soll unser Leben einfacher machen. Schauen wir uns den Ausdruck »schlechtes Wetter« an, dann ist er die Kurzform für einige Details: Regen, Kälte, Wind et cetera. Gehen wir draußen spazieren und frieren bei Wind und Regen, dann reicht es zu sagen: »Das Wetter ist schlecht.« Wir müssen uns dann nicht über jeden Aspekt des Wetters auslassen.

Eine Kategorienverwechslung liegt vor, wenn wir annehmen, dass eine Kategorie ihre eigenen Bestandteile zur Folge hat. Verursacht »schlechtes Wetter« Regen? Natürlich nicht. Da beißt sich die Katze in den Schwanz: Logisch betrachtet wäre die Aussage dann, dass Regen durch Regen verursacht würde.

Die gleiche Logik trifft auf das Konzept des Selbstbewusstseins zu. Wenn wir sagen, jemandem fehle Selbstbewusstsein, verwenden wir einen Begriff, der verschiedene Verhaltensweisen einschließt, zum Beispiel schüchternes Auftreten, Schwierigkeiten, überzeugend zu sein, oder ein Gefühl der Unsicherheit in bestimmten Situationen. Zu behaupten, fehlendes Selbstbewusstsein bringe jemanden dazu, unsicher aufzutreten, ist ein Zirkelschluss. Im Grunde sagen wir damit, dass Unsicherheit durch sich selbst bedingt sei. Einen Begriff für eine Sammlung von Verhaltensweisen zu benutzen ist nicht dasselbe, wie diese zu erklären.

Lassen Sie sich also nicht einreden, Ihr Selbstbewusstsein sei zu gering und müsse deshalb in Ordnung gebracht werden, bevor Sie die Dinge, die Ihnen Schwierigkeiten bereiten, in Angriff nehmen können. Beginnen Sie am anderen Ende dieser Aussage: Üben Sie den Umgang mit schwierigen Situationen, dann werden Sie eine Verbesserung Ihres Selbstbewusstseins feststellen!

STATISTIK
ZU
FAKTEN

NICHT JEDER IST EIN NÖRGLER

Was wir fürchten, entdecken wir überall

Einer der wichtigsten Überlebensmechanismen unseres Gehirns ist, uns vor Gefahren zu schützen. Wenn wir einmal etwas mit Gefahr assoziiert haben – weil wir Angst verspürten oder von anderen hörten, dass es gefährlich sei –, dann sind unsere Gehirne unfassbar gut darin, diesen Auslöser unter strenger Beobachtung zu behalten: Wer Angst vor Spinnen hat, wird Spinnnetze in einem Raum entdecken, die schon monatelang dort hingen, ohne von jemand anderem bemerkt worden zu sein. Wer einen Krieg erlebt hat, wird augenblicklich auf einen knallenden Auspuff reagieren.

Dieser Mechanismus kann uns aber in ungefährlichen Situationen in die Irre führen. Wer Angst hat, öffentlich aufzutreten, wird jeden im Publikum bemerken, der unzufrieden ist – auch wenn alle anderen im Publikum lächeln und großes Interesse an dem Auftritt zeigen. Derselbe Mechanismus führt dazu, dass wir neutrale Situationen als Bestätigung unserer Angst interpretieren. Wenn jemand gähnt, sehen wir das als Zeichen dafür, dass der Zuhörer unsere Rede langweilig und uninteressant finden. Auch wenn das Gähnen nur daher rührt, dass derjenige letzte Nacht nicht schlafen konnte. Nach dem Auftritt neigen wir dann dazu, alle negativen Eindrücke abzuspeichern, und zwar nur weil wir uns auf die falschen Dinge konzentriert haben. In der Folge sind wir beim nächsten Auftritt noch nervöser!

Was tun? Die offensichtliche Lösung ist, dass wir unsere Aufmerksamkeit auf jene Leute lenken sollten, die interessiert dreinschauen. Trotzdem ist das schwierig, weil unser Gehirn automatisch nach potenziellen Bedrohungen sucht. Das Wichtigste ist, uns zu merken, dass wir unserem Gefühl in solchen Situationen nicht immer trauen können. Unsere Gehirne lassen uns glauben, dass der Auftritt viel schlechter lief, als dies in Wahrheit der Fall war.

Warum springst du immer wieder hoch?
Um die Löwen abzuhalten.
Aber hier gibt es doch gar keine Löwen.
Eben!

AUF- UND ABSPRINGEN HÄLT LÖWEN FERN

Dinge tun, um auf der sicheren Seite zu sein

Meistens verhalten wir uns auf eine bestimmte Weise, weil wir das Gefühl haben, dass es funktioniert: Entweder führt es zu etwas Angenehmem oder es hilft uns, etwas Unangenehmes zu verhindern. Es liegen klare Vorteile darin, sich in seinem Verhalten vom Ergebnis beeinflussen zu lassen. Anderenfalls würden wir nichts aus unseren Erfolgen und Niederlagen lernen.

Doch unglücklicherweise sind diese Mechanismen ziemlich ungelenk zusammengebaut. Ziemlich oft gehen wir davon aus, dass ein Verhalten einen bestimmten Effekt hat, obwohl es rein gar nichts mit dem Ausgang der Situation zu tun hat. Das menschliche Gehirn sucht einfach andauernd nach Gründen, warum Dinge geschehen.

Selbst wenn ein Phänomen mit einem bestimmten Verhalten verbunden zu sein scheint, kann es völlig losgelöst vom Geschehen sein. Oft ist uns dieser Prozess gar nicht bewusst. Stattdessen entwickeln wir unsere Gewohnheiten gemäß dem, von dem wir annehmen, dass es in den vorhergehenden Situationen funktioniert hat. Und natürlich sind einige dieser Gewohnheiten wunderbare Strategien, andere hingegen können zu Schwierigkeiten führen.

Eine unschuldige, aber völlig unnötige Angewohnheit mag zum Beispiel die einer Profisportlerin sein, die glaubt, dass sie vor einem wichtigen Spiel den rechten Schuh vor dem linken zubinden müsse. Gewohnheiten von ernsthafterem Ausmaß, wie etwa die sich wiederholenden Verhaltensweisen bei Zwangsneurosen, werden aufgrund der Angst ausgeführt, dass etwas Schreckliches geschehen wird, wenn man die Rituale auslässt. Nehmen wir zum Beispiel eine Person, die unglaublich viel Zeit und Energie darauf verwendet, ihre Schuhe auf genau dieselbe Stelle im Flur zu stellen, damit ihre Mutter – die hundert Kilometer entfernt lebt – nicht darüber stolpert und stürzt. Problematisch kann es auch werden, wenn man vor jeder Rede Beruhigungstabletten nimmt oder Wochen braucht, um die Präsentation für den Chef vorzubereiten, nur damit diese absolut fehlerfrei ist.

Solange wir an solchen Vorstellungen festhalten, können wir keine andere Hypothese testen, die zeigen könnte, dass diese Rituale unnötig sind. Außerdem hat die Forschung gezeigt, dass wir dazu neigen, unsere Ängste zu verstärken, wenn wir uns verhalten, als sei eine Situation bedrohlich – selbst wenn die Gefahr nur eingebildet oder zumindest stark übertrieben ist.

Stellen Sie sich mal vor, was geschehen würde, wenn Sie dem Impuls, die Dinge auf eine bestimmte Art und Weise zu tun, nur um »auf der sicheren Seite zu sein«, nicht nachgeben. Dieses Verhalten verstärkt nämlich Ihre Ängste nur und behindert Sie möglicherweise.

JETZT, WO ICH SCHON EINE KIPPE GERAUCHT HABE, KANN ICH AUCH DIE GANZE SCHACHTEL AUFRAUCHEN

Der »Ach, was soll's«-Effekt

Wenn wir versuchen, neue Verhaltensweisen zu lernen oder schlechte Gewohnheiten loszuwerden, neigen wir zu Schwarz-Weiß-Denken: »Alles oder nichts.« Wir geben dann gerne beim ersten Rückschlag auf. Eine weitverbreitete Reaktion dabei ist, jegliche vorher gesetzten Grenzen über Bord zu werfen.

- Wenn man beschlossen hat, mit dem Rauchen aufzuhören, und dann schwach wird und ein paar Züge pafft, denkt man schnell: »Ach, jetzt habe ich ohnehin schon versagt.« Und dann kauft man eine ganze Schachtel, die man wie verrückt aufraucht – was viel mehr ist, als man je zuvor geraucht hat.

- Eine Studentin, die sich auf die Prüfungen vorbereitet, lässt sich zwei Stunden durch ein Computerspiel ablenken. Als sie es bemerkt, denkt sie: »Jetzt habe ich ohnehin meine ganze Lernzeit verplempert« – und spielt für weitere vier Stunden, bis sie schließlich einschläft.

- Während man versucht, ein bisschen abzunehmen, erliegt man der Versuchung, eine Kugel Eis zu naschen. Anschließend verputzt man alles, was noch im Eisschrank ist.

Einer der Gründe, warum wir uns so verhalten, ist, dass es sich im ersten Moment auszuzahlen scheint. Sobald wir denken: »Es gibt keinen Grund, dem Drang zu widerstehen«, können wir den Kampf aufgeben. Und wir können uns das Verhalten »erlauben«, das wir eigentlich ablegen wollten – noch eine Zigarette, noch ein Eis. In vielen Fällen ist die Sache, die wir ablegen wollen, genau die, die uns am meisten Trost spendet. Wenn wir unserem Schwarz-Weiß-Denken nachgeben – rauchen/nicht rauchen, essen/nicht essen –, läuft das alles völlig automatisch ab.

Unter Psychologen ist dieses Verhaltensmuster als der »What-the-hell«-Effekt bekannt. Therapeuten bereiten ihre Patienten üblicherweise auf diesen Impuls vor, bevor sie eine Verhaltensänderung in Angriff nehmen.

Der beste Tipp hierzu ist, sich klarzumachen, dass Sie sich mit diesem Verhalten selbst an der Nase herumführen. Wenn Sie ab und an mal einen Ausrutscher haben, sollten Sie das einfach als zeitweiligen Rückschlag akzeptieren. Geben Sie nicht auf!

Kann ich Fahrradfahren lernen?
Ich kann Fahrrad fahren!

WIE LERNT MAN FAHRRADFAHREN?

Man muss etwas erleben, um es zu verstehen

Ein weitverbreitetes Missverständnis, wenn es um Verhaltensänderungen geht, ist zu glauben, dass alles mit dem »richtigen Denken« beginnt. Wenn Sie vor etwas Angst haben, sollen Sie demnach bei Ihren Gedanken anfangen und so etwas denken wie: »Das ist eigentlich nicht gefährlich.« Wenn Sie kein Vertrauen in Ihre Fähigkeiten haben, etwas zu schaffen, dann müssen Sie eben Ihr »Selbstbewusstsein« verbessern. Wenn Sie sich niedergeschlagen fühlen, müssen Sie angeblich Ihre negativen Gedanken einfach nur gegen positive austauschen.

Es scheint, als hätten wir einen übertriebenen, fast schon übernatürlichen Glauben in die Kraft der Gedanken entwickelt. Die meistgestellte Frage von Menschen, die etwas Neues probieren, ist: »Wie soll ich denken, um das tun zu können?« Dabei ist es viel überzeugender, wenn man etwas im wahren Leben ausprobieren und erfahren kann.

Wenn man sich zum Beispiel nicht traut, vor einer großen Menschenmenge aufzutreten, ist es viel effektiver, es einfach zu wagen, eine Gruppe anzusprechen und festzustellen, dass man es doch geschafft hat, selbst wenn man nervös dabei war. Wenn man sich niedergeschlagen und uninspiriert fühlt, sollte man nicht darauf warten, dass die Inspiration kommt. Stattdessen sollte man sich ins Leben wagen und tun, was zu tun ist und worauf man gerade Lust hat.

Indem wir etwas tun, erhöhen wir die Chancen, dass wir uns anschließend besser fühlen. Die Antwort auf die Frage »Wie soll ich nur denken?« ist also: »Denk, was du willst – entscheidend ist, was du tust.«

Eine gute Möglichkeit zu verstehen, wie Denken und Tun funktionieren, ist, sich zu erinnern, wie man Fahrradfahren gelernt hat: Haben Sie es gelernt, indem Sie gedacht haben: »Ich schaffe das!« – oder sind Sie einfach aufs Fahrrad gestiegen, haben es selbst tatsächlich ausprobiert?

Warten Sie nicht darauf, bis Sie die »richtige« Art zu denken gefunden haben. Etwas im echten Leben zu erfahren ist die viel effektivere Art, etwas zu lernen.

WIE WIR UNS GEGENÜBER ANDEREN (UND UNS SELBST) VERHALTEN

Sich immer über die beschweren, die man liebt

Es ist schwer, jemandem böse zu sein,
den man gerade umarmt

Ein Kind zerreißen

Warum hast du die Vase fallen gelassen?

Wenn du nicht sofort aufhörst,
Angst zu haben, knall ich dir eine!

Ist es die Schuld der Zimmerpflanze, wenn sie eingeht?

Du kommst schon wieder zehn Minuten zu spät!
I'M CHEF

SICH IMMER ÜBER DIE BESCHWEREN, DIE MAN LIEBT

Lieben ist ein Verb

Sind wir Hals über Kopf verliebt, sind wir gegenüber denjenigen, die wir lieben, sehr zuvorkommend. Wir machen Komplimente, kaufen Geschenke und bereiten romantische Abendessen vor. Nach ein paar Jahren ändert sich das aber. So manches Paar findet sich dann in nervtötenden Interaktionen wieder. Meist beschweren sich die Partner übereinander und meckern. Ganz gleich, ob die Kritik nun berechtigt ist oder nicht, eine wichtige Sache wird dabei zumeist übersehen:

Wenn wir beim Zusammentreffen mit jemandem regelmäßig ein bestimmtes Gefühl erleben, dann wird diese Person mit diesem Gefühl assoziiert.

Der Nobelpreisträger Pawlow demonstrierte diesen Vorgang schon vor hundert Jahren. In einem der bekanntesten Experimente auf dem Gebiet der Psychologie fütterte er Hunde, kurz nachdem diese eine Glocke gehört hatten. Schon bald verbanden die Hunde den Klang der Glocke mit ihrem Futter, sie wurden aufgeregt und begannen zu sabbern, sobald sie ertönte.

All unsere Gefühle werden durch dieses Prinzip beeinflusst. Wir sind glücklich, wenn wir etwas sehen, das uns früher glücklich gemacht hat. Wir fürchten uns, wenn wir auf etwas treffen, vor dem wir früher Angst hatten. Dummerweise vergessen wir dieses Prinzip in unseren Beziehungen. Behandeln wir einander ständig voller Missachtung, beginnt unser Nervensystem, den anderen mit etwas Unangenehmem in Verbindung zu bringen. Und wenn das geschieht, helfen uns all die Schwüre ewiger Liebe nichts mehr. Unser Partner wird zu jemandem, den wir automatisch zu fürchten beginnen oder von dem wir uns abgestoßen fühlen.

Überlegen Sie sich, womit Sie in Ihren Beziehungen assoziiert werden wollen. Kleine tägliche Liebesbeweise werden Ihren Partner nicht wie einen Pawlowschen Hund sabbern lassen, aber er wird Sie mit einem angenehmen Gefühl des Wohlbefindens assoziieren.

Liebe wohnt in allem, was du tust.
Jeden Tag.
Lieben ist ein Verb.

ES IST SCHWER, JEMANDEM BÖSE ZU SEIN, DEN MAN GERADE UMARMT

»Gegenteilige Aktion« – genau das Gegenteil von dem tun, wonach es sich anfühlt

Es gibt einen alten und sich hartnäckig haltenden psychologischen Mythos, der besagt, dass man immer im Einklang mit seinen Gefühlen handeln solle. Diesem Missverständnis liegt die Vorstellung zugrunde, unser Gefühlsleben sei wie ein Dampfkochtopf: Wird ein Gefühl nicht herausgelassen, könnte dies zu einer Explosion führen! Also scheint der einzige Weg zur Vermeidung einer Explosion zu sein, den Druck zu verringern, also den Gefühlen freien Lauf zu lassen.

Diese Analogie wurde in zahlreichen wissenschaftlichen Studien untersucht. Die Ergebnisse zeigen: Je mehr wir uns verhalten, als wäre etwas so, wie wir glauben, umso stärker sind wir davon überzeugt, dass diese Annahme tatsächlich stimmt. Wenn wir also jemanden anschreien, werden wir nicht weniger wütend. Im Gegenteil: Unsere Wut steigert sich in der Regel.

Natürlich bedeutet dies nicht, dass wir unsere Gefühle ab sofort ignorieren sollten. Aber oft kann man sehr viel mehr erreichen, wenn man die Emotionen ein wenig herunterschraubt.

Eine gute Strategie ist, etwas auszuprobieren, was die Psychologen »gegenteilige Aktion« nennen, also genau das Gegenteil von dem zu tun, was die Gefühle einem nahelegen. Wenn Sie sich also über Ihren Partner ärgern, gehen Sie doch einfach mal zu ihm hin und umarmen Sie ihn. Die Forschungsergebnisse zeigen, dass es dann schwerfällt, ärgerlich zu bleiben. Ist Ihr Partner ebenfalls ärgerlich, kann es natürlich passieren, dass die Umarmung falsch interpretiert wird und alles nach hinten losgeht. Ist Ihr Ziel jedoch, Ihre eigene Gefühlslage zu verändern, dann ist das ein sehr guter Ansatz.

Insbesondere bei der Paartherapie hat sich diese Strategie, ein plötzliches, oft negatives Gefühl zu zügeln, als effektiv herausgestellt, um Ärger zu verringern und eine angespannte Situation zu deeskalieren. Auch bei Angst ist es oft die beste Strategie, einfach genau entgegengesetzt seiner Gefühle zu reagieren – also in die Situation hineinzugehen und sich seinen Ängsten zu stellen.

Wollen Sie auf jemanden nicht mehr ärgerlich sein, umarmen Sie ihn!

EIN KIND ZERREIßEN

Wenn Kinder in eine Trennung involviert werden

Das Tragischste am Scheitern einer Beziehung ist, wenn Kinder in Mitleidenschaft gezogen werden.

- ➩ Im Gegensatz zu den Eltern können Kinder die Situation nicht beeinflussen.
- ➩ Anders als die Eltern sollten Kinder nicht die Konsequenzen der Trennung der Eltern zu tragen haben.
- ➩ Im Gegensatz zu den Eltern haben Kinder weder die Fähigkeiten noch die Erfahrungen, um mit den Gefühlen, denen sie ausgesetzt sind, umzugehen.

Trotzdem ist es nicht ungewöhnlich, dass Kinder bei einer Trennung als eine Art Bestrafung eingesetzt werden. Deshalb ist es äußerst wichtig, genau zu bedenken, wie eine Trennung Kinder in Mitleidenschaft ziehen wird – selbst wenn Sie der Meinung sind, dass Ihr Partner alle Qualen der Hölle verdiene.

Wenn Sie die Möglichkeiten Ihres Expartners, die Kinder zu sehen, sabotieren, werden die Kinder die größten Verlierer sein. Wenn die Finanzen Ihres Expartners zusammenbrechen, werden Ihre Kinder ebenfalls schlechte Zeiten durchmachen. Wenn Sie Ihren Expartner verleumden, vergiften Sie nicht nur sein soziales Leben, sondern auch das Ihrer Kinder.

Manche halten eine funktionierende Beziehung für ein Zeichen mentaler Stabilität. Ein noch besserer Test wäre es zu beobachten, wie sich Menschen während einer Trennung verhalten. Hier trennt sich die Spreu vom Weizen. Gelingt es Ihnen, sich wie ruhige, vernünftige Erwachsene zu trennen, ganz gleich welches Fehlverhalten aufgetreten ist, dann haben Sie wirklich große Reife bewiesen.

Warum?

WARUM HAST DU DIE VASE FALLEN GELASSEN?

»Warum« ist ein schmutziges Wort

Wenn wir uns übereinander ärgern, ist es nicht ungewöhnlich, dass man die Frage hört: »Warum hast du das getan?«

- Warum hast du meine Lieblingsvase zerbrochen?
- Warum hilfst du mir nie mit dem Abwasch?
- Warum nimmst du meine Meinung nie ernst?

Diese Art der Fragen scheint ziemlich logisch zu sein. Wenn wir verstehen würden, warum etwas geschieht, könnten wir solche Ereignisse in Zukunft vermeiden. Dummerweise ist das jedoch kein effektiver Ansatz, denn indem wir nach dem Warum fragen, unterstellen wir, dass der andere eine klare Vorstellung davon hatte, was er uns antun würde. Doch meistens gibt es einen solchen klaren Plan nicht.

Ihr Kind hatte überhaupt nicht vor, die kostbare chinesische Vase zu zerbrechen. Ihr Partner beabsichtigte nicht, dass Sie die ganze Hausarbeit übernehmen oder Sie sich gar wertlos fühlen. Vermutlich werden Sie als Reaktion eine halbherzige Entschuldigung oder eine patzige Antwort bekommen. Ihr Kind wird die Schuld auf den Hund schieben und Ihr Partner wird anfangen, mit Ihnen über etwas anderes zu streiten.

Die bessere Alternative wäre, darüber zu sprechen, was passiert ist, und dabei deutlich zu machen, wie Sie sich dabei fühlen. Ihr Kind weiß selbst, dass es einen Fehler gemacht hat. Also braucht es mit Sicherheit keine weitere Ermahnung. Versuchen Sie es doch eher mal mit Trost. Später, wenn sich die Dinge beruhigt haben, können Sie über die Regeln zum Fußballspielen im Haus sprechen. Und Sie können Ihrem Partner erklären, wie sich die Situation zu Hause für Sie anfühlt, und gemeinsam darüber diskutieren, wie sich Dinge ändern ließen.

In Beziehungen ist »Warum?« meist eine blöde Frage. Schildern Sie stattdessen lieber, wie die Dinge aus Ihrer Perspektive wirken. Sind Sie wütend, traurig, fühlen Sie sich angegriffen? Welche Auswirkungen hat das Problem auf Sie? Lässt sich gemeinsam eine Lösung finden?

Hör auf, Angst zu haben, oder es setzt eine Tracht Prügel!

WENN DU NICHT SOFORT AUFHÖRST, ANGST ZU HABEN, KNALL ICH DIR EINE!

Sich selbst schelten, damit die Angst verschwindet

Jeder kennt das Gefühl der Angst. Manchmal ist es gerechtfertigt und manchmal ist es das nicht. Oft genug weiß man selbst, dass eine Situation gar nicht so gefährlich ist, und dennoch begibt man sich nur sehr zögerlich hinein. Wahrscheinlich liegt der Grund für das Zögern im Gehirn verborgen: Basierend auf früheren Erfahrungen oder einer lebhaften Vorstellungskraft assoziieren wir Situationen mit Gefahr und Unbehagen. Unser Gehirn ist sehr geübt darin, sich an alles zu erinnern, was wir früher als bedrohlich wahrgenommen haben. Jedes Mal, wenn etwas an diese Erinnerung rührt, kehren die unangenehmen Gefühle zurück.

Vielen ist nicht klar, dass es sich dabei um einen automatischen Vorgang handelt – eine Reaktion, die fast unmöglich aufzuhalten ist. Wenn sie Angst haben, versuchen sie daher, das Gefühl zu kontrollieren, indem sie sich selbst schelten oder es ins Lächerliche ziehen.

➩ Hör auf, so ein Waschlappen zu sein!

➩ Reiß dich mal zusammen!

So steigern sie sich aber wahrscheinlich nur noch mehr hinein und fühlen sich am Ende schlechter als zuvor. Und was geschieht nach dieser Szene? Sie tadeln sich selbst sogar noch mehr!

Die meisten von uns verstehen, dass man Kindern die Angst nicht nehmen kann, indem man ihnen droht. So jagt man ihnen eher noch mehr Angst ein. Doch wenn es um unsere eigenen Ängste geht, können wir gnadenlos sein. Das nächste Mal, wenn Sie aus Angst zu sich selbst grausame Sachen sagen, halten Sie inne und überlegen Sie, ob Ihnen das wirklich guttut. Gibt es vielleicht eine bessere Möglichkeit, mit Ihrer Angst umzugehen?

Wenn Sie Ihre Angst nicht loswerden, indem Sie sich selbst anschreien, akzeptieren Sie stattdessen, dass die Angst nun mal da ist. Es gibt keine Möglichkeit, sie einfach verschwinden zu lassen. Eine andere Strategie wäre, auf die Situation angemessen zu reagieren, selbst wenn man nun mal Angst hat. Ist das einfach? Meistens nicht. Aber es ist der einzige Weg, der funktioniert!

Nun mach schon, wachse!

IST ES DIE SCHULD DER ZIMMERPFLANZE, WENN SIE EINGEHT?

Alles braucht fruchtbaren Boden, um zu gedeihen

Wenn wir unzufrieden mit der Arbeit oder unglücklich in unserer Beziehung sind, ist eine weitverbreitete Reaktion, dass wir dies für unsere Schuld halten und uns selbst als Problem sehen. Ähnliches gilt, wenn jemand sehr erfolgreich ist – dann entsteht das Bedürfnis, dieser Person etwas Besonderes zuzuschreiben und anzunehmen, dass dieser Erfolg das Ergebnis einmaliger Fähigkeiten sei. In der Psychologie nennt man das den »fundamentalen Attributionsfehler«. Attribution bedeutet Zuschreibung.

Wir neigen zu der irrtümlichen Schlussfolgerung, dass das Verhalten einer Person damit erklärt werden kann, dass sie eben einfach diese Art von Person »ist«.

Dabei übersehen wir, dass die Umgebung, in der wir uns gerade befinden, den größten Einfluss auf uns hat.

Damit eine Zimmerpflanze wächst, muss sie versorgt werden. Wenn sie welkt, liegt es nicht daran, dass sie sich nicht zusammengerissen oder einfach eine miese Einstellung zum Wachstum hat. Sie geht ein, weil sie nicht genug gegossen wurde und zu wenig Licht und gute Erde zum überleben hatte.

Ein Mensch kann sich nicht entwickeln, wenn seine Umgebung dies nicht zulässt. Bekommt ein Kind nicht das richtige Maß an Unterstützung und Herausforderung, ist seine Entwicklung beeinträchtigt. Wenn wir bei unserer Arbeit keine wichtige Aufgabe haben, keine fürsorgliche Umgebung und keine angemessene Bezahlung, dann welken wir dahin. Wenn eine wichtige Beziehung keinen guten Nährboden hat, in der sie wachsen kann, geschieht das Gleiche. Eine Person wird dahinwelken.

Bedenken Sie das, wenn Sie zu dem Schluss kommen, dass Sie oder jemand anderes Ihren Ansprüchen nicht gerecht wird. Wir alle brauchen einen fruchtbaren Nährboden, um zu wachsen.

UNSER KURZZEITGEDÄCHTNIS

Mach brav »Sitz!«
und nächste Woche bekommst du einen Knochen

Einen großen Schneeball vor sich herrollen

Braver Hund!
Sitz – und nächste
Woche kriegst du
diesen Knochen.

MACH BRAV »SITZ!« UND NÄCHSTE WOCHE BEKOMMST DU EINEN KNOCHEN!

Meistens denken wir nicht langfristiger als ein Hund ...

Eines der Phänomene, das uns am meisten beschäftigt, ist, warum wir in unseren Handlungen oft so kurzsichtig sind.

- Wir futtern die ganze Tüte mit Süßigkeiten auf, obwohl wir uns vorgenommen haben, weniger Zucker zu essen, damit wir wieder in den Badeanzug vom letzten Jahr passen.
- Wir schauen uns lieber alte Filme an, die wir schon gesehen haben, statt für die wichtige Matheprüfung nächste Woche zu büffeln.
- Wir kaufen den viel zu teuren Pulli, auch wenn wir nächste Woche dann die Miete nicht zahlen können.

Diese Liste ließe sich endlos fortführen.

Interessanterweise betrachten wir nie die andere Perspektive. Wie sind die Menschen in der Lage, in Übereinstimmung mit ihren langfristigen Interessen zu handeln? Schauen wir uns alle anderen Lebewesen auf diesem Planeten an: Sie alle entscheiden sich immer für die kurzfristige Belohnung. Wenn sie Hunger haben und etwas entdecken, das lecker aussieht, fressen sie es. Wenn etwas unangenehm ist, tun sie alles, damit es aufhört.

Versuchen Sie doch mal, einem Hund Gehorsam beizubringen, indem Sie ihm für nächste Woche ein Leckerli in Aussicht stellen. Mal abgesehen davon, dass der Hund nicht verstehen wird, was Sie sagen, fehlt ihm auch die Fähigkeit, sich vorzustellen, wie es möglich ist, heute etwas zu tun, für das er erst nächste Woche eine Belohnung bekommen soll. Menschen hingegen sind ziemlich außergewöhnlich darin, etwas im Jetzt zu tun, auch wenn es die Belohnung erst irgendwann in der Zukunft geben wird. Wir vollbringen sogar Dinge, die sich erst für mehrere Generationen in der Zukunft auszahlen werden. Ein Hund wäre zu so etwas nie in der Lage!

Unser Leben ist ein ständiger Kampf zwischen den kurzfristigen und langfristigen Konsequenzen. Verzweifeln Sie nicht, wenn Sie sich manchmal für die kurzfristigen Vergnügungen entscheiden. Doch wenn es entscheidend oder Ihnen wichtig ist, sollten Sie innehalten und darüber nachdenken, worum es in Ihrem Leben gehen soll, und dann entsprechend handeln. Nutzen Sie die einmalige menschliche Fähigkeit, sich Ihre Zukunft vorzustellen. Und denken Sie zur gleichen Zeit daran, auch mit sich selbst Mitgefühl zu haben.

Wir sind alle auch Tiere, die ihre Belohnung haben wollen – und zwar jetzt!

EINEN GROßEN SCHNEEBALL VOR SICH HERROLLEN

Das Risiko, zu viel anzusammeln

Die meisten Menschen werden zustimmen, dass sie Schwierigkeiten haben, etwas wirklich durchzuziehen. Es fällt ihnen schwer anzufangen oder sie geben zu schnell auf. Wenn sie je etwas durchgezogen haben, haben sie sich damit meist gequält und oftmals war es auch zu spät.

Das grundlegende Problem beim Fertigstellen einer Aufgabe scheint zu sein, dass wir gern darauf warten, dass sich »das richtige Gefühl« dafür einstellt. Nur dann können wir anfangen. Und da viele Aufgaben schwierig oder anstrengend sind, tauchen schnell ansprechendere Optionen auf und wir kriegen einfach nie die Kurve. Wir »fühlen« uns einfach nie danach.

Haben wir endlich die Entscheidung getroffen, mit der lange hinausgezögerten Aufgabe zu beginnen, versuchen wir die verlorene Zeit wieder reinzuholen, indem wir so viel wie möglich erledigen. Unglücklicherweise hat das ungefähr den gleichen Effekt, als würde man einen Schneeball vor sich herschieben. Je länger wir Dinge aufschieben, desto schwerer fühlt sich die Last an. Der Schneeball scheint einfach zu groß zu sein, um ihn zu bewegen – und schon wieder vertagen wir die Aufgabe.

Falls Sie also bisher etwas auf die lange Bank geschoben haben, seien Sie zumindest stolz auf sich, dass sie nun endlich angefangen haben. Achten Sie darauf, dass Sie sich die Arbeit über eine längere Zeitspanne einteilen. Solange Sie stetig und systematisch daran arbeiten, wird auch der größte Arbeitsberg bald auf eine überschaubare Größe schrumpfen.

Rollen Sie nur kleine Schneebälle vor sich her und freuen Sie sich jedes Mal, wenn etwas gelingt!

DAS LEBEN IM ALLGEMEINEN

Blinde Passagiere auf Ihrem Boot

Die Betrunkene auf der Party

Nur in Gedanken leben

Ist Ihr Leben im Gleichgewicht?

Die Hauptrolle in Ihrem Leben: alle anderen!

Kehr um!
Immergleicher Hafen
DAS GUTE LEBEN

BLINDE PASSAGIERE AUF IHREM BOOT

Wer bestimmt Ihr Leben?

Wenn uns etwas wirklich wichtig ist, können wir es mit vielen unangenehmen Hindernissen auf dem Weg zu unserem Ziel aufnehmen. Doch zunächst einmal müssen wir wissen, dass wir uns in die richtige Richtung bewegen.

Was die beste Richtung im Leben ist, muss jeder für sich selbst herausfinden. Für einige geht es um ihre Arbeit, während andere das Gefühl haben möchten, etwas für die Menschheit zu verändern. Viele würden für ihre Lieben durch einen Kugelhagel gehen, andere würden das nicht.

Um den richtigen Weg zu finden, müssen wir uns fragen, was uns wirklich bewegt: »Wann bin ich begeistert? Was regt mich auf?« Die meisten erkennen die wichtigsten Aspekte ihres Lebens, doch dummerweise gerät einem immer wieder ein wahrer Dschungel an Gedanken und Ideen dazwischen. Diese können allerlei Form annehmen – der Gedanke, dass man nicht gut genug ist, der Gedanke daran, was die anderen wohl denken mögen, oder der Gedanke, dass es sicher besser ist, einfach bis morgen zu warten oder bis nächstes Jahr … oder ewig. Solche Gedanken und Vorstellungen sammeln wir im Laufe unseres Lebens einfach auf.

Sehen Sie Ihr Leben als Bootsfahrt, bei der Gedanken wie diese die blinden Passagiere sind, die Sie irgendwo aufgelesen haben. Sie diskutieren über Ihre Reise und verursachen Chaos dabei, wie Sie den Kurs korrigieren sollen. Wenn Sie ihnen das Steuer überlassen oder anfangen, mit ihnen zu diskutieren, wird Ihr Schiff vermutlich recht bald auf Grund laufen oder Sie landen im falschen Hafen.

Denken Sie über den Kurs, den Sie Ihrem Leben geben wollen, nach und halten Sie ihn stetig. Lassen Sie die blinden Passagiere ruhig schreien, während Sie das Boot in die Richtung steuern, in die Sie fahren wollen. Sie sind der Kapitän!

DIE BETRUNKENE AUF DER PARTY

Das Streben nach Kontrolle hat seinen Preis

Stellen Sie sich vor, Sie hätten Ihre besten Freundinnen und Freunde zu einer Feier eingeladen. Sie haben alles sorgfältig geplant, damit alle eine schöne Zeit haben. Es gibt guten Wein, etwas zu essen und Musik. Dummerweise hat sich Ihre Nachbarin, die gern mal zu viel trinkt, selbst eingeladen. Sie ist zwar ganz nett, aber ihren Alkoholkonsum hat sich nicht unter Kontrolle. Sobald sie ein paar Gläschen intus hat, kreischt sie über völlig unangemessene Themen herum, trägt den Lampenschirm als Hut und macht sich selbst zum Affen.

Und weil Sie sich Sorgen machen, was sie wohl diesmal wieder anstellen wird, verwenden Sie all Ihre Energie darauf, Sie im Blick zu behalten. Sie folgen ihr überall hin. Sie versuchen sie davon abzuhalten, auf Ihre Freunde einzureden, und nach einer Weile werfen Sie sie einfach raus. Natürlich ärgert sie das und sie wird noch schwieriger. Das Ganze endet in einem Riesenstreit, bei dem sie herumschreit. Ihre Party ist gelaufen.

Was wäre geschehen, wenn Sie sie einfach in Ruhe gelassen und über ihre Marotten nur mit der Schulter gezuckt hätten? Wahrscheinlich hätte sie sich zum Affen gemacht und wäre dann hinter Ihrem Sofa eingeschlafen. In der Zwischenzeit hätten Sie und Ihre Gäste eine schöne Feier gehabt, nachdem sie kurz darüber gelächelt hätten, dass sie sich schon wieder lächerlich gemacht hat.

Werden wir mit Dingen konfrontiert, die wir nicht mögen, liegt das Geheimnis oft darin, weniger statt mehr Kontrolle über sie auszuüben. Manche Dinge, wie die oben beschriebene Situation mit der betrunkenen Nachbarin, werden nur schlimmer, je mehr wir versuchen, sie zu kontrollieren.

Manchmal ist das, was wir für die Lösung halten – nämlich Kontrolle – das eigentliche Problem.

Piep Piep!
MMM

NUR IN GEDANKEN LEBEN

Was wir alles verpassen, wenn wir mit unseren Gedanken nicht bei der Sache sind

Eine unserer größten Gaben als Menschen ist, dass wir uns Dinge vorstellen können, die wir nie selbst erlebt haben. Manche behaupten, es wäre genau diese Fähigkeit, die uns einzigartig macht, und sie sei eine der Begabungen, die uns von anderen Lebewesen auf diesem Planeten unterscheidet. Dank dieses Geschenks können wir Pläne für die Zukunft schmieden, wissenschaftliche Theorien aufstellen und unglaubliche Bücher schreiben. Ohne diese Fähigkeit gäbe es keine Zivilisation.

Gleichzeitig kann diese Begabung aber auch unser größter Fluch sein. Dank unserer Fantasie sind wir in der Lage, uns um Dinge, die möglicherweise geschehen könnten, Sorgen zu machen – zum Beispiel Krankheiten, Katastrophen oder die Möglichkeit, dass wir in fünf Jahren unseren Job verlieren. Wir können uns auch in existenziellen Grübeleien verlieren, in Fragen wie »Wer bin ich?« oder »Was ist der Sinn des Lebens?«. Manchmal können diese Denkmuster überwältigend werden. Sie bestimmen dann das ganze Leben. Wenn wir so sehr in unseren Gedanken leben, kann es passieren, dass wir unsere Existenz als solche verpassen. Wir übersehen all die fantastischen Dinge, die um uns herum geschehen.

Versuchen Sie einmal Folgendes: Spazieren Sie durch den Park und achten Sie genau darauf, was Sie mit Ihren Sinnen wahrnehmen können. Was sehen Sie, welche Düfte nehmen Sie wahr, was spüren Sie? Am Anfang wird das schwierig sein. Sie werden sicher sofort von Ihren Gedanken abgelenkt werden. Ihnen wird einfallen, was Sie morgen bei der Arbeit zu tun haben, oder Sie ärgern sich über etwas, das Sie hören oder sehen. Doch mit der Zeit können Sie lernen, Ihren Fokus immer mehr auf das zu legen, was Sie in diesem Moment erleben. Und wann immer Ihre Gedanken abschweifen, nehmen Sie es zur Kenntnis und legen Sie langsam, aber bestimmt, den Fokus wieder auf das, was Sie wahrnehmen.

Leben ist das, was passiert. Jetzt.

IST IHR LEBEN IM GLEICHGEWICHT?

Ein einseitiges Leben macht Sie verletzlich

Eine der wichtigsten Strategien im Umgang mit Rückschlägen ist, auf ein großes Repertoire an Verhaltensweisen zurückgreifen zu können. Haben Sie sich vielen Gebieten im Leben gewidmet, sind Sie für Verluste weniger anfällig. Treffen Sie in Ihrer beruflichen Laufbahn auf Widerstand, haben Sie immer noch Ihre Familie, Ihre Freunde und Interessen, die alle Ihrem Leben Bedeutung verleihen. Verlieren Sie Ihren Partner, gibt es immer noch viele andere Dinge, die Sie trösten können.

Haben Sie jedoch alles auf eine Karte gesetzt, kann ein einziger Schicksalsschlag verheerend sein. War Ihre Karriere Ihre oberste Priorität, sind Sie nur eine Entlassung von der Katastrophe entfernt. Wenn Sie all Ihre Freunde und Interessen aufgeben, weil Sie sich Hals über Kopf verliebt haben, kann ein einfacher Streit auf dem Heimweg die Fundamente Ihrer Existenz erschüttern.

Ein wackliges Fundament lässt Sie nicht nur bei Veränderungen überaus empfindlich werden, es kann auch Ihre Freiheit einschränken. Weil Sie alles auf eine Karte gesetzt haben, dürfen Sie nichts wagen, was Ihre Sicherheit aufs Spiel setzt. Selbst wenn die Dinge gut laufen, bleibt ein leises Unbehagen, dass eine Kleinigkeit schiefgehen und alles ruinieren könnte.

Menschen, die Angst haben, neigen dazu, nicht so gute Leistungen zu erbringen, denn sie sind extrem vorsichtig. Die traurige Konsequenz ist, dass ein einseitiges Leben nicht nur eine größere Verletzlichkeit gegenüber Veränderungen aufweist, sondern auch die Chancen auf Erfolg in jenen Gebieten reduziert, auf die man seine Energie konzentriert.

Betrachten Sie Ihr Leben als einen Stuhl: Stehen alle vier Beine stabil auf dem Boden, sind Sie in einer sicheren Position. Wenn Ihr Stuhl nur zwei Beine hat oder – noch schlimmer – nur ein Bein, dann sitzen Sie ziemlich wacklig. Früher oder später könnten Sie auf dem Hosenboden landen!

KINO
AKTUELLES PROGRAMM
Die Geschichte Ihres Lebens
IN DER HAUPTROLLE:
alle anderen

DIE HAUPTROLLE IN IHREM LEBEN: ALLE ANDEREN!

Wenn Sie nur für die anderen leben, wer spielt dann die Hauptrolle in Ihrem Leben?

Wenn sich Ihr Leben wie eine schwere, bedeutungslose Last anfühlt, mag das daran liegen, dass Sie sich nie die Zeit genommen und darüber nachgedacht haben, worum es in Ihrem Leben gehen soll. Diese Frage stellen sich viele Menschen nie. Das Problem ist nur: Wenn sie das nicht selbst entscheiden, übernimmt das jemand anderes für sie.

Wir sind ständig von Menschen umgeben, die einen Teil unserer Aufmerksamkeit beanspruchen. Obwohl es kein großes Opfer zu sein scheint, sich um unsere Lieben zu kümmern, riskieren wir, uns selbst zu verlieren, wenn wir keine Balance zwischen unseren eigenen Bedürfnissen und dem, was wir anderen geben können, finden.

Wir wollen für unsere Familie und Freunde, unsere Arbeitskollegen und vielleicht sogar für die Gesellschaft da sein. Wir sind umzingelt von Werbebotschaften, Zeitungen, Fernsehen und anderen Medien, die alle auf uns einprasseln, wie wir unsere Prioritäten setzen sollen. Am Ende rennen wir wie kopflose Hühner herum, nur um alle Anforderungen zu erfüllen. Und das Ergebnis? Ein unglückliches Leben.

Das Schlimmste ist, dass ein unglücklicher Mensch am Ende die Lebensfreude verliert. An diesem Punkt tut er überhaupt nichts mehr – weder für sich selbst noch für andere.

Erlauben Sie nicht den anderen, das Drehbuch Ihres Lebens zu schreiben! Vielleicht schaffen Sie es nicht, alles zu tun, was Ihnen wichtig, interessant oder unterhaltsam erscheint, aber Sie sollten sich doch die Chance geben, selbst zu entscheiden, worum es in Ihrem Leben geht.

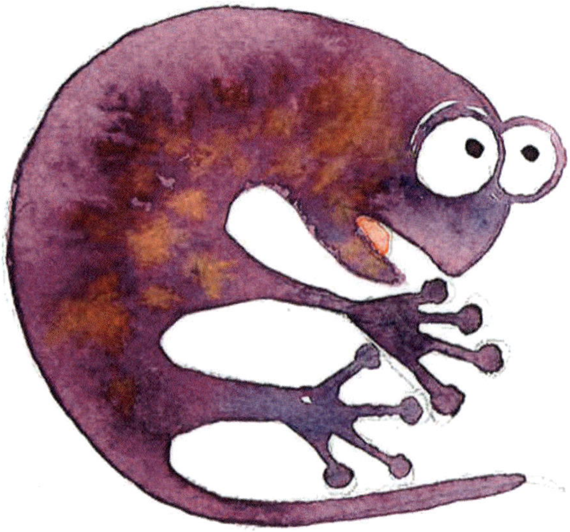

INSPIRATIONSQUELLEN FÜR DIE METAPHERN IN DIESEM BUCH

Bei sieben Milliarden Menschen auf unserem Planeten ist es recht unwahrscheinlich, dass es noch einzigartige Ideen gibt. Unabhängig davon, für wie originell man sich hält, irgendjemand hatte den Gedanken vermutlich schon.

Es ist zwar eine schöne Vorstellung, dass meine Erkenntnis ein Geniestreich sei, doch vermutlich gebe ich nur wieder, was ich zuvor irgendwo aufgeschnappt und dann wieder vergessen habe. Nichtsdestotrotz halte ich die meisten der 32 Metaphern in diesem Buch für meine eigenen Erfindungen. Einige wurden mir von kreativen Kollegen und Freunden zugespielt, andere wiederum habe ich in Büchern gefunden oder sie basieren auf den Vorschlägen anderer Psychologen.

Die Metapher vom Tauziehen ist unter ACT-Therapeuten weitverbreitet und wird in vielen Büchern erwähnt, unter anderem in der ersten und bedeutendsten Veröffentlichung zu dieser Therapieform: *Akzeptanz- & Commitment-Therapie: Achtsamkeitsbasierte Veränderungen in Theorie und Praxis* von Hayes, Strosahl und Wilson. Im gleichen Buch findet man auch den »Mann im Loch« sowie »Joe der Penner« (hier: »Die Betrunkene auf der Party«).

»Blinde Passagiere in unserem Boot« wurde von einer ähnlich bekannten Metapher innerhalb der ACT angeregt – den »Passagieren im Bus«. Allerdings ist meiner Meinung nach die »Blinde-Passagier-Metapher« passender. Menschen nehmen auf ihrem langen Lebensweg blinde Passagiere auf und üblicherweise sind diese nicht sonderlich willkommen.

»Das große und das kleine Ich« existiert als Metapher unter Therapeuten vermutlich schon eine Weile. Ich habe von der Psychologin Kerstin Tilfors zum ersten Mal davon gehört.

Olle Wadström, einer der führenden Psychologen und Autoren Schwedens über die kognitive Verhaltenstherapie, gab mir die Erlaubnis, das Bild des »ständigen Pingpong-Spiels« zu nutzen. Eine Referenz dazu findet man in seinem herausragenden Buch: *Quit Ruminating and Brooding: It Is easier to do with Cognitive Behaviour Therapy (CBT)*.

»Auf- und Abspringen hält Löwen fern« habe ich bestimmt als Junge in verschiedenen Comics gesehen. Britt Erikson Lemel in Hjo, eine wunderbare Psychologin und meine Supervisorin während meiner ersten Jahre als Psychologe, zeigte mir, wie man diese Metapher in der therapeutischen Arbeit einsetzt. »Ist es die Schuld der Zimmerpflanze, wenn sie eingeht?« schenkte mir meine liebe Frau und Kollegin, Marina Järvinen Katz. Die Idee zu »Die Hauptrolle in Ihrem Leben: alle anderen!« habe ich von der Schriftstellerin Kerstin Danasten.

LITERATURHINWEISE

Adams, C. E., & Leary, M. R. (2007): Promoting Self-Compassionate Attitudes Toward Eating Among Restrictive and Guilty Eaters. In: *Journal of Social and Clinical Psychology 26.10*, 1120-144.

Andersson E., Hedman E., Wadström O., Boberg J., Yaroslav Andersson E., Axelsson E., Bjureberg J., Hursti T., & Ljótsson B. (2016): Internet-based extinction therapy for worry: A randomized controlled trial. In: *Behavior Therapy.*

APA (1995). *Mini-D IV Diagnostiska kriterier enligt DSM-IV.* Danderyd: Pilgrim Press.

Bates, S., & Grönberg, A. (2010): *Om och om och om igen.* Natur & Kultur, Stockholm.

Blenkorion, P. (2005): Stories and Analogies in Cognitive Behavior Therapy: A clinical Review. In: *Behavioural and Cognitive Psychotherapy, 33*, 45-59.

Clark, D. M. (1986): A cognitive approach to panic. In: *Behaviour Research and Therapy. Vol. 24, 4*, 461-470.

Clark, D. M., & McManus, F. (2002): Information processing in social phobia. In: *Biological Psychiatry, Vol 51*,1, 91-100.

Dewald, P.A. (1995): *Dynamisk Psykologi.* Natur & Kultur, Stockholm.

Foa, E. B., Hembree, E. A., Cahill, S. P., Rauch, S. A. M., Riggs, D. S., Feeny, N. C., & Yadin, E. (2005): Randomized trial of prolonged exposure for posttraumatic stress disorder with and without cognitive restructuring: Outcome at academic and community clinics. In: *Journal of Consulting and Clinical Psychology, Vol 73*(5), 953-964.

Foa, E. B., Davidsson, J. R., & Frances, A. (1999): The expert consensus guideline series: Treatment of posttraumatic stress disorder. In: *Journal of Clinical Psychiatry, 60* (Suppl. 16), 1-76.

Gamow, G. (1986): *Thirty Years That Shook Physics.* Dover Publications, New York.

Hayes, S. C., Barnes-Holmes, D., & Roche, B. (2001): *Relational Frame Theory.* Kluwer Academic/Plenum, New York.

Hayes, S. C., Strosahl, K., & Wilson, K. G. (2011): *Acceptance and Commitment Therapy, 2nd ed. The process and practice of mindful change.* Guilford Press, New York.

Auf Deutsch erschienen unter: Akzeptanz- & Commitment-Therapie: Achtsamkeitsbasierte Veränderungen in Theorie und Praxis, Junfermann Verlag, Paderborn (2014)

Kabat-Zinn, J. (1997): *Vart du än går är du där. Leva i nuet - en meditationshandbok*, Forum, Stockholm.

Karlsson, P. (2010): *Beteendestöd i vardagen. Handbok i tillämpad beteendeanalys.* Natur & Kultur, Stockholm.

Katz, D. (2003): Om fega simhoppare, korkade ödlor och andra metaforer ... In: *Beteendeterapeuten, nr 4*, 2003.

Kolb, B., & Whimshaw, I. Q. (1996): *Fundamentals of Human Neuropsychology*, 4th ed. Freeman, New York.

Auf Deutsch erschienen unter: *Neuropsychologie*. Spektrum Akademischer Verlag, Heidelberg (1996)

Lakoff, G., & Johnson, M. (2003): *Methaphors we live by*. The University of Chicago Press, Chicago.

Auf Deutsch erschienen unter: *Leben in Metaphern. Konstruktion und Gebrauch von Sprachbildern*. Carl-Auer Verlag, Heidelberg (9. Auflage, 2017)

Leary, D. E., (ed.). (1990): *Metaphors in the history of psychology*. Cambridge University Press, Cambridge.

Lieberman, D. A. (2000): *Learning*. Wadsworth, Belmont.

Linehan, M. M., (2015): *DBT Skills Training Manual*. Guilford Press, New York.

Lynn, S. J., Lock, T., Loftus, E. F., Krackow, E., & Lilienfeld, S. O. (2003): The remembrance of things past: Problematic memory recovery techniques in psychotherapy. In: S. O. Lilienfeld, S. J. Lynn, & J. M. Lohr (Eds.), In: *Science and pseudoscience in clinical psychology* (S. 205-239). Guilford, New York.

Mayou, R. A., Ehlers, A., & Hobbs, M. (2000): Psychological de-briefing for road and traffic accident victims. In: *British Journal of Psychiatry, 176*, 589-593.

McCurry, S. M., & Hayes S. C. (1992): Clinical and experimental perspectives on metaphorical talk. In: *Clinical Psychology Review, Vol 12*, S. 763-785.

Öst L-G. (1989): One-session treatment for specific phobias. In: *Behaviour Research and Therapy. Vol. 27, 1*, 1-7

Otto, M.W. (2000). Stories and Metaphors in Cognitive-Behavior Therapy. In: *Cognitive and Behavioral Practice 7*, S. 166-172.

Ross, L. (1977): The intuitive psychologist and his shortcomings: Distortions in the attribution process. In: Berkowitz, L. *Advances in experimental social psychology 10*. Academic Press, New York.

Ramnerö, J., & Törneke, N. (2006): *Beteendets ABC*. Studentlitteratur, Stockholm.

Sundel, M., & Sundel, S. (1999): *Behavior Change in the Human Services*. Sage, Thousand Oaks.

Wadström, O. (2007): *Sluta grubbla och älta – lättare gjort med kognitiv beteende-terapi*. Psykologinsats förlag, Linköping.

Wegner, D. M. (1994): Ironic processes of mental control. In: *Psychological Review, Vol. 101. No. 1*, 34-52.

Wessely, S., Rose, S., & Bisson, J. (2000): A systematic review of brief psychological interventions (\"debriefing\") for trauma-related symptoms and the prevention of post-traumatic stress disorder (Cochrane review). In: *The Cochrane Library*, Issue 1, Oxford

Whitehouse, A. J. O., Maybery M. T., & Durkin, K. (2006): The development of the picture-superiority effect. In: *British Journal of Developmental Psychology, 24,* S. 767-77.

Wood, J. V., Perunovic, W. Q. E., & Lee, J. (2009): Positive thinking: Power for some, peril for others. In: *Psychological Science, 20,* S. 860-866.

DANKE!

An die Illustratorin Yvonne Svensson, die mit ihrer ausgeglichenen Professionalität mein ständiges Lenken des kreativen Prozesses gut ausgehalten und trotzdem fantastische Illustrationen für das Buch abgeliefert hat.

An meine Frau Marina, die eine übernatürliche Begabung für Sprache hat und mich trotz meiner ständigen Zweifel und meiner ständigen Prokrastination zur Weiterarbeit ermutigte. Und an unseren Zwergpudel Flopsy, dem lebenden Beweis für unendliche Liebe, und zwar ohne die menschliche Fähigkeit, Bezugsrahmen zu schaffen.

An Professor Lars-Gunnar Lundh in Lund (!), der mir den Hinweis bezüglich des Bildüberlegenheitseffekts gab.

An John Eyre, den Grafikdesigner, der meine ständigen Änderungen aushielt, auch nachdem das Layout schon feststand.

An Lars Ström, meinen schwedischen Verleger.

An Sandra Bates, meine Kollegin und frühere Mentorin.

An die unzähligen Forscher, deren unermüdliche Arbeit dafür gesorgt hat, dass psychologische Behandlungen nicht länger auf »Überlieferungen« beruhen, sondern auf wissenschaftlichen Erkenntnissen.

An die *Swedish Skeptics Association – Vetenskap och Folkbildning* (VoF) –, die dafür sorgt, dass die Allgemeinheit über diese nützlichen Erkenntnisse informiert wird.